Jörg Rieger · Markus Menschhorn

Zeichnen und Gestalten
mit Windows 10 und Paint 3D

Die digitale Zeichenschule für jedermann

Vierfarben

Liebe Leserin, lieber Leser,

was gibt es Schöneres, als seine Lieben mit individuellen Grußkarten, perfekt in Szene gesetzten Porträtbildern oder originellen DIY-Geschenken zu überraschen? Do it yourself ist nicht nur ein klassischer Dauerbrenner, es liegt mehr denn je im Trend und ist sogar im digitalen Zeitalter angekommen. So können Sie als Hobbymaler und Bastler ganz ohne Vorkenntnisse oder teure Grafikprogramme am Computer oder Tablet kreativ werden. Windows 10 und das brandneue Paint 3D machen es möglich!

Die Gestaltungsprofis Jörg Rieger und Markus Menschhorn führen Sie in abwechslungsreichen Praxisworkshops Schritt für Schritt ans Ziel und geben Ihnen für die Umsetzung Ihrer eigenen Ideen das nötige Know-how mit auf den Weg. Gestalten Sie doch einmal ein Plakat für Ihren Verein oder den nächsten Flohmarkt, kreieren Sie eine tolle Fotoshow für Freunde und Familie, entwerfen sie ein modisches Design für Ihr Lieblingsshirt, oder dekorieren Sie Wohnaccessoires mithilfe eigener Illustrationen. Erfahren Sie von den Profis, was es bei der Verwendung von Schriften zu beachten gilt, wie Sie mit dem Goldenen Schnitt goldrichtig liegen, wie Sie Farben und Formen wirkungsvoll einsetzen und wie Sie selbst alte Dias auf den Computer übertragen und dort professionell weiterbearbeiten. Dank der anschaulichen Erklärungen des Autorenduos gelingt die Umsetzung auch Ungeübten garantiert – von der Auswahl des Papiers über das Falzen von Klappkarten bis hin zum perfekten Ausdruck für Ihr Kunstwerk. Legen Sie einfach los, und werden Sie zum Paint-Künstler am Computer oder Tablet!

Dieses Buch wurde mit größter Sorgfalt geschrieben und hergestellt. Sollten Sie dennoch einmal einen Fehler finden oder inhaltliche Anregungen haben, freue ich mich, wenn Sie mit mir in Kontakt treten. Für Kritik bin ich dabei ebenso offen wie für lobende Worte. Doch nun wünsche ich Ihnen viel Freude beim Gestalten und Zeichnen!

Ihre Isabella Bleissem
Lektorat Vierfarben

isabella.bleissem@rheinwerk-verlag.de

Auf einen Blick

Wir hoffen, dass Sie Freude an diesem Buch haben und sich Ihre Erwartungen erfüllen. Ihre Anregungen und Kommentare sind uns jederzeit willkommen. Bitte bewerten Sie doch das Buch auf unserer Website unter **www.rheinwerk-verlag.de/feedback**.

An diesem Buch haben viele mitgewirkt, insbesondere:

Lektorat Isabella Bleissem
Korrektorat Marita Böhm, München
Herstellung Janina Brönner
Typografie und Layout Vera Brauner
Einbandgestaltung Julia Schuster
Coverbilder iStock: 493789318©FabrikaCr, 501786196©Squaredpixels; Shutterstock: 497454781©dumuluma
Satz Kamelia Brendel
Druck Media-Print Informationstechnologie GmbH, Paderborn

Dieses Buch wurde gesetzt aus der ITC Charter (10,5 pt/15 pt) in InDesign CC.
Gedruckt wurde es auf mattgestrichenem Bilderdruckpapier (115 g/m²).
Hergestellt in Deutschland.

Bibliografische Information der Deutschen Nationalbibliothek:
Die Deutsche Nationalbibliothek verzeichnet diese Publikation in der Deutschen Nationalbibliografie; detaillierte bibliografische Daten sind im Internet über *http://dnb.d-nb.de* abrufbar.

ISBN 978-3-8421-0374-0

1. Auflage 2018
© Rheinwerk Verlag, Bonn 2018

Vierfarben ist eine Marke des Rheinwerk Verlags. Der Name Vierfarben spielt an auf den Vierfarbdruck, eine Technik zur Erstellung farbiger Bücher. Der Name steht für die Kunst, die Dinge einfach zu machen, um aus dem Einfachen das Ganze lebendig zur Anschauung zu bringen.

Informationen zu unserem Verlag und Kontaktmöglichkeiten finden Sie auf unserer Verlagswebsite **www.rheinwerk-verlag.de**. Dort können Sie sich auch umfassend über unser aktuelles Programm informieren und unsere Bücher und E-Books bestellen.

Inhalt

Kapitel 11: Bilder als Diashow und Fotobuch präsentieren

Kapitel 12: Schöne Hingucker – T-Shirts gestalten und bedrucken

Kapitel 13: Richtig drucken

Kapitel 1
Gestaltungsgrundlagen – so wird es fast von alleine perfekt

Sie haben sich vielleicht schon gefragt, wie es ein Künstler mit einem Bild oder einer ganz profanen Werbeanzeige schafft, dass sie im Gedächtnis bleibt und einfach »gut« aussieht. Tatsächlich ist das zunächst der Kreativität und der Originalität geschuldet. Aber dahinter steckt letztlich reines Handwerk. Wir nennen das Gestaltungsregeln, die dafür sorgen, dass das fertige Werk beim Betrachter ankommt und ganz unbewusst dafür sorgt, dass es als harmonisch und perfekt wahrgenommen wird.

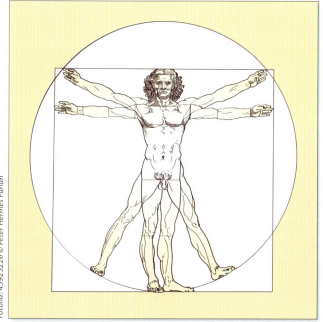

Fotolia: 45925226 © Peter Hermes Furian

Schon Leonardo da Vinci beschäftigte sich mit der Proportionslehre und dem Goldenen Schnitt.

Kreativität und Handwerk gehen dabei Hand in Hand: Zunächst braucht es natürlich eine gute Idee; diese kann man dann aber mit den passenden Regeln im Hinterkopf wirklich schnell und gut umsetzen. Ganz ähnlich wie ein Schreiner, der einen Tisch bauen soll – auch er muss sich an gängige Regeln halten und verwendet besser vier statt einem Tischbein, denn sonst wird das eine wackelige Angelegenheit.

Aber genug der Vorrede. In diesem Einstiegskapitel wollen wir Ihnen die gängigen Gestaltungsregeln vermitteln. Was nach grauer Theorie klingt, ist für die Praxis unentbehrlich und vor allem eine solide Grundlage für die praktischen Gestaltungsprojekte in diesem Buch.

Der Goldene Schnitt oder was da Vinci eindrucksvoll bewiesen hat

Der *Goldene Schnitt* – wenn Sie gerne kreativ arbeiten oder vielleicht auch ambitioniert fotografieren, ist Ihnen der Begriff sicherlich nicht fremd. Doch was hat es damit auf sich? Tatsächlich ist das die wichtigste Gestaltungsregel mit einer verblüffend einfachen Formel. Ganz unwissenschaftlich formuliert: Der Goldene Schnitt bezeichnet die Teilung einer gesamten Fläche oder Strecke in einem ganz bestimmten Verhältnis, nämlich in der Weise, dass sich der kleinere Abschnitt zum größeren Abschnitt so verhält wie der größere Abschnitt zur kompletten Strecke.

Dieses Verhältnis kann mathematisch berechnet werden und findet sich in der Natur beispielsweise in allen Blüten wieder, und selbst der menschliche Körper ist in diesem Verhältnis aufgebaut. Daher empfindet unser Gehirn diese Aufteilung als besonders harmonisch, geschmackvoll und vor allem interessant. Kein Wunder, dass fast alle von Menschen geschaffenen Werke, egal, ob antikes Bauwerk oder modernes Smartphone, sich diese Eigenschaften zunutze machen.

Auch Leonardo da Vinci hat sich vor Jahrhunderten mit der Proportionslehre beschäftigt, und das bekannte Werk mit dem Menschen im Kreis, der sog. *vitruvianische Mensch*, ist das Ergebnis davon – schön zu sehen sind die verschiedenen Aufteilungen.

> **TIPP**
>
> **Aufteilung leicht gemacht mit der Drittel-Regel**
>
> Für die Praxis wollen wir Sie nicht mit Rechenexempeln langweilen, daher dürfen Sie sich merken: ⅓ zu ⅔ ist die Gestaltungsregel für gelungene Meisterwerke.

Übrigens sind auch die europäischen Papierformate, das DIN-Format, nach diesem Prinzip aufgebaut. Aus ihnen resultieren zwar durchaus merkwürdige Maße mit krummen Kommawerten, aber nur so ist die angestrebte Harmonie gewährleistet. Im Folgenden sehen Sie eine praktische Merkhilfe mit allen DIN-Formaten im Überblick. Sie werden diese im Rahmen Ihrer kreativen Laufbahn immer wieder zum Nachschlagen brauchen. Denn ganz ehrlich – auch Jörg, einer der Autoren dieses Buches und als Leiter einer Werbeagentur damit täglich konfrontiert, hat nicht alle Maße im Kopf:

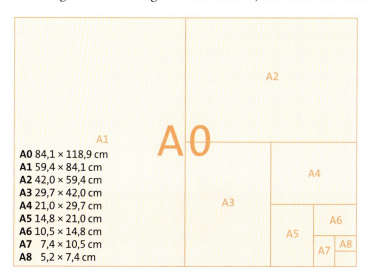

A0 84,1 × 118,9 cm
A1 59,4 × 84,1 cm
A2 42,0 × 59,4 cm
A3 29,7 × 42,0 cm
A4 21,0 × 29,7 cm
A5 14,8 × 21,0 cm
A6 10,5 × 14,8 cm
A7 7,4 × 10,5 cm
A8 5,2 × 7,4 cm

Die wichtigsten Papierformate im Überblick. Die Seitenverhältnisse sind im Goldenen Schnitt angelegt, und das DIN-A0-Format hat einen Flächeninhalt von 1 Quadratmeter.

Doch was bedeutet das nun alles konkret für Ihre gestalterische Arbeit?

Platzieren Sie Objekte, Schriften oder Motive niemals direkt mittig, sondern etwas verschoben. Gerade als Einsteiger neigt man dazu, die mittige Gestaltung als ideal anzusehen. Ist sie aber nicht. Hier sehen Sie im direkten Vergleich, was diese kleine Änderung optisch bewirkt:

Eine Katze in Paint 3D, mittig in einem Dokument zentriert ...

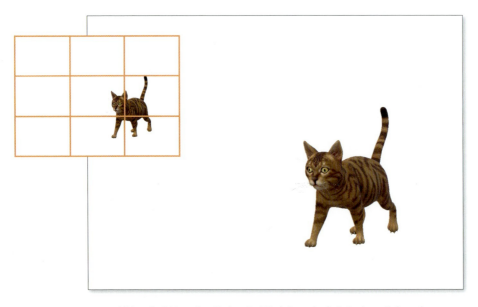

... und hier frei Hand mit der Drittel-Regel platziert – viel mehr Dynamik und Spannung sind zu sehen.

Beim Gestalten mit Text ist ebenfalls schnell klar, was die richtige Aufteilung ausmacht:

*Hier ist die Schrift zentriert und mittig, das Ballon-Bündel
etwa gleich groß eingefügt ...*

*... während in diesem Beispiel die Schrift nach der Drittel-Regel platziert
und die Ballons massiv vergrößert wurden, um eine Gewichtung im Layout
herzustellen.*

Beim Gestalten in den Windows-Programmen müssen Sie sich in der Aufteilung mit Augenmaß behelfen. Weder Word noch Paint 3D haben ein Gestaltungsraster, das man gemäß der Drittel-Regel über das Layout legen könnte. Auch Hilfslinien sind weder in Word noch in Paint 3D oder WordPad vorhanden. Solche Optionen bieten leider nur teure Programme wie *CorelDRAW* oder *Adobe InDesign*. Immerhin: Office-Programme haben ein Seitenlineal zur Hand.

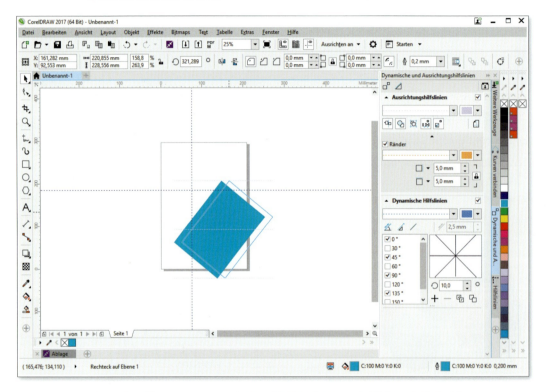

Teure Grafikprogramme wie CorelDRAW bieten vielfältige Möglichkeiten, das Seitenverhältnis mit Hilfslinien als Orientierung darzustellen.

Doch Sie werden sehen, dass der Goldene Schnitt schon nach kurzer Zeit auch mit »Pi mal Daumen« funktioniert, denn auf den Millimeter kommt es dabei nun wirklich nicht an.

Die Wirkung von Farbe

Farbe ist natürlich das Gestaltungsmittel schlechthin. Was wäre ein tolles Urlaubsfoto ohne Farbe? Oder eine stimmungsvolle Einladungskarte nur in Schwarz-Weiß? Auch bei der Wahl der Farbe gibt es Tricks und Tipps, wie Sie schnell zu noch besseren Ergebnissen kommen. Denn Farbe ist Emotion pur und gibt an den Betrachter ganz unterbewusst eine Stimmung weiter. In der Werbung wird dies konkret genutzt, um den Betrachter zu beeinflussen und zum Konsum zu bewegen. Für unsere Gestaltungsprojekte legen wir natürlich den Fokus auf die positive Wirkung der Farbe.

Auch hier geht der Weg wieder Hunderte Jahre zurück – Altmeister Johann Wolfgang von Goethe beschäftigte sich intensiv mit der Wirkung von Farbe. Seine Farbtheorie beruht dabei auf dem Gegensatz zwischen Hell und Dunkel, zwischen Gelb und Blau. Rein wissenschaftlich sind seine Behauptungen nicht ganz astrein, aber als Anschauungsmaterial zum Einstieg nach wie vor prima geeignet.

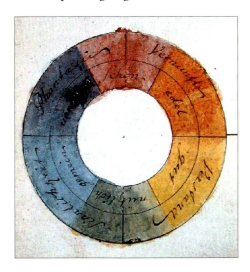

Goethes Farbkreis umschreibt nicht nur die Harmonie der Farben, sondern ordnet auch die entsprechende Empfindung ein. (Bild: Wikipedia, Farbenkreis, aquarellierte Federzeichnung von Goethe, 1809, Original: Freies Deutsches Hochstift – Frankfurter Goethe-Museum)

Auch die psychologische Wirkung der Farbtöne war ein Kern seiner Betrachtungen. Er ordnete dabei beispielsweise grünen Farbtönen die Eigenschaften »Natürlichkeit/Natur« und »Sinnlichkeit« zu, Gelb wiederum »Gut« und »Vertrauen«.

Was wir Ihnen damit sagen wollen: Die Farbe macht den Unterschied. Wir haben Ihnen als kleine schnelle Übersicht in einer Tabelle zusammengefasst, welche Grundfarbe welche Wirkung auf den Betrachter hat. Diese Tabelle verfolgt keinen Anspruch auf Vollständigkeit, sondern soll nur der Orientierung dienen. Schauen Sie sich mit diesem Hintergrundwissen einfach mal die aktuelle Werbung in der Tageszeitung oder im Fernsehen an – Sie werden feststellen, dass mit diesen Elementen ganz gezielt gespielt wird.

Farbe	Wirkung	Beispiele
Weiß	Reinheit, Unschuld, im europäischen Kulturkreis nur positiv besetzt	edle Magazine, moderne Architektur, moderne technische Produkte (Apple)
Schwarz	Trauer, Geheimnisvolles, feierlich, Respekt	Trauerkarten, Abendkleidung
Grau	Neutralität, Zurückhaltung, Unauffälligkeit	Businessoutfit
Rot	Feuer, Liebe, Leidenschaft, Zorn, Wärme	Bild-Zeitung, TAZ, Spiegel, Caritas, Esprit, Puma
Grün	Natürlichkeit, Harmonie, Ruhe	Werbung für Bio- und Naturprodukte
Blau	Frische, Technik, Vertrauen, Sehnsucht, Klarheit	Logos und Firmenfarben von Technikunternehmen, Banken, Versicherungen, Aral, Facebook, o2
Gelb	Sonne, Wärme, Optimismus, Freude, Wissen, Vernunft, Konzentration	Uhu, McDonald's, Condor, ADAC
Violett	Würde, Schutz, Mystik, Selbstvertrauen	Tatsächlich verwendet kaum ein Unternehmen diese Farbe im Logo.

Fotolia: 111561381 © Robert Kneschke

Auch bei der Raumgestaltung sollte man bei Farbkombinationen gut überlegen, was zusammenpasst.

Wichtig ist auch, die Kombination von Farben richtig zu wählen, denn nicht alle Farben passen zusammen. Der folgende Farbkreis, übrigens Mitte des 20. Jahrhunderts von Johannes Ittem entwickelt, gilt hier als geniale Orientierungshilfe.

Die sog. *komplementäre Farbkombination* bedient sich genau gegenüberliegender Farben. Komplementärfarben sind dabei Farben, die sich perfekt ergänzen und die daher ideal für spannungsgeladene Designs sind. Im Bild sehen Sie beispielhaft Gelb und Lila in einer Linie. Hellblau und Orange wären ebenfalls eine Möglichkeit genauso wie Rot und Grün.

Fotolia: 123471888 © pico

Dieser Farbkreis gibt eine gute Orientierungshilfe zur Farbkombination.

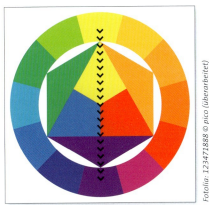

Fotolia: 123471888 © pico (überarbeitet)

Gegensätze ziehen sich auch bei Farben an.

Harmonischer geht es bei der *analogen Farbkombination* zu – hier werden immer zwei ähnliche Farbtöne gewählt. Unser Tipp: Eine Farbe als Hauptfarbe nehmen, also beispielsweise für den Hintergrund, und die andere als Akzent in der Schrift oder einem anderen Gestaltungselement.

Soll es mehr Farbe sein, kann man auf das sog. *teilkomplementäre Farbenpaar* setzen. Diese Farben wirken dynamisch, aber geben insgesamt doch ein harmonisches Gesamtbild ab.

Eine andere Dreierkombination ist die Variante, in der alle Farben gleich weit voneinander entfernt liegen. Die Wirkung ist etwas ruhiger als die vorhergehende Variante.

Auch beim Kombinieren von Farben gilt – die Verwendung sollte im Rahmen der ⅓-⅔-Regel erfolgen. Niemals alle Farben gleichbedeutend verwenden, sondern durch Akzentuierungen für Spannung sorgen!

Fotolia: 123471888 © pico (überarbeitet)

Zwei ähnliche Farben können problemlos miteinander kombiniert werden.

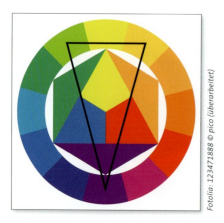

Fotolia: 123471888 © pico (überarbeitet)

Drei passende Farben werden mit diesem Dreieck herausgefunden.

Fotolia: 123471888 © pico (überarbeitet)

Gleiche Abstände im Farbkreis sorgen für noch harmonischere Dreierkombinationen.

Viele Schriften verderben das Layout

Im Zeitalter vor dem Computer und Schreibprogrammen war die Wahl verschiedener Schriften eine schweißtreibende Angelegenheit. Der Textsatz wurde bei Zeitungen noch bis weit ins 20. Jahrhundert hinein mit Bleilettern in Handarbeit erledigt. Jede Schriftart wog damit Hunderte von Kilogramm, und die Änderung der Schriftgröße in einem Artikel war dann unter Umständen eine tagesfüllende Angelegenheit.

Fotolia: 43947906 © hatmuth

Bleisatz – nicht nur schwer, sondern auch noch spiegelverkehrt gesetzt, damit das Druckergebnis korrekt erscheint.

Heute geht das natürlich viel einfacher – Windows bietet unzählige Schriftarten an, die alle nur einen Mausklick entfernt sind. Auch die Größe und Darstellungsform der Schrift sind innerhalb von Sekunden geändert. Gerade diese Freiheit verführt allerdings auch dazu, die ganze Vielfalt auszunutzen.

Die vielfältige Schriftenauswahl am Computer bietet viel Gestaltungsspielraum.

TIPP

Ganz viel Text ab Seite 93

Wie Sie Texte in Word und Paint 3D professionell setzen und gestalten, zeigen wir Ihnen in Kapitel 5, »Text erstellen und gestalten«.

Daher kurz und knapp unsere kleinen Regeln, damit in Sachen Schrift nichts schiefgeht:

1. **Nicht mehr als drei Schriftarten pro Druckwerk:** Eine für die Überschriften, eine für größere Textmengen und ggf. noch eine weitere für Hervorhebungen, das reicht völlig aus. Alles andere wirkt schnell unübersichtlich und schlichtweg unprofessionell.

2. **Keine Zierschriften für Lesetexte (Fließtext):** Auch wenn es noch so verführerisch ist – lassen Sie die Finger von zu effektvollen Schriften im Lesetext. Schließlich soll das Geschriebene später gelesen und nicht erraten werden. Somit darf es hier eher langweilig zugehen. Arial, Calibri, Helvetica, Times New Roman – diese Kandidaten sind in jedem Fall gut lesbar.

Ein kleiner Text, der später gut lesbar sein soll	Arial
Ein kleiner Text, der später gut lesbar sein soll	Calibri
Ein kleiner Text, der später gut lesbar sein soll	Tratatello
Ein kleiner Text, der später gut lesbar sein soll	Comic Sans
Ein kleiner Text, der später gut lesbar sein soll	Cocochino

Hier sieht man ganz klar, welche Art von Schrift besser lesbar ist.

3. **Text-Effekt sparsam verwenden:** Sie haben in Word und Paint 3D die Möglichkeit, Text fett oder kursiv zu stellen oder zu unterstreichen. Diese Stilmittel sind bitte sparsam zu verwenden und ***nicht zu kombinieren***. Vor allem <u>Unterstreichen</u> verwendet man heute kaum noch. Das ist ein Relikt aus Zeiten der Schreibmaschine, als dieses das einzige Mittel zur Hervorhebung war, und wirkt heute ganz schnell altbacken.

4. **Schreibschriften nicht großschreiben:** Eine schwungvolle Schreibschrift ist bei Einladungen, zu Weihnachten oder bei Hochzeiten sehr beliebt. Schriften, die sogar Handschriften simulieren, geben Ihrer Arbeit zudem einen tollen *Selfmade*-Charakter. Bitte diese Schriften aber nur mit Groß- und Kleinschreibung verwenden! Nur als Großbuchstaben geschrieben, wirken sie ganz schnell seltsam und sind zudem kaum lesbar.

*Effektvolle Schreibschriften wendet man am besten
nur mit Groß- und Kleinschreibung an.*

5. **Comic Sans ist nicht lustig:** Soll etwas amüsant sein, ist Comic Sans häufig die erste Wahl, aber nicht sonderlich originell, und so macht sich das gesamte Internet über diese von Microsoft 1994 entwickelte Schriftart seit Jahren lustig. Erstaunlicherweise erlebt der *Font* (das ist der fachsprachliche Ausdruck für *Schriftart*) aber gerade eine Renaissance, denn nach neuesten wissenschaftlichen Erkenntnissen ist Comic Sans sehr gut und leicht lesbar und erleichtert sogar Legasthenikern das Lesen. Denn die Buchstaben sind klar getrennt; das kleingeschriebene L und das große I etwa, die in Schriften wie Arial und Calibri nahezu identisch (nämlich wie ein Strich) aussehen, sind ebenfalls gut zu unterscheiden. Trotzdem – verwenden Sie die Schrift eher sparsam und höchstens für Überschriften.

*Comic Sans wird von Grafikern gehasst, hat aber durchaus
ihre Daseinsberechtigung. Es sollte einem nur bewusst sein,
dass es mit dieser Schrift ganz schnell emotional wird.*

6. **Aufpassen beim Schrägstellen:** Sowohl in Paint 3D als auch in Word können Texte problemlos gedreht werden. Dieser Effekt ist geeignet, eine Information besonders hervorzuheben. In der Werbung spricht man von »Störer« – es soll also auffallen. Allerdings gilt hier: Eine zu starke Drehung lässt einen Schriftzug schnell »kippen«, und der Betrachter nimmt ihn nicht mehr als Aussage wahr, die Lesbarkeit leidet. Eine zu wenig gedrehte Schrift hingegen wirkt eher wie ein Versehen als wie eine bewusste Gestaltung. In diesem Fall ist tatsächlich der Mittelweg die beste Lösung, grob gesagt, im Bereich von ca. 15 Grad Drehung befinden sich gute Lesbarkeit und Aufmerksamkeitssteigerung im optimalen Verhältnis. Eine Textdrehung sollte übrigens immer nur kleinen Textmengen vorbehalten sein, bitte keine kompletten Textblöcke drehen, da auch hier wieder die Lesbarkeit leidet.

Bei der Drehung von Schriften ist der Winkel zu beachten.

Regeln bewusst brechen – Fotografie mit anderem Blickwinkel

Das Smartphone hat alles verändert. Selbst Fotomuffel, die zuvor niemals eine Kamera mit sich herumgetragen hätten, sind voll auf den Geschmack gekommen. Seit Jahren schon werden mit Smartphones mehr Bilder gemacht als mit Digitalkameras. Doch egal, mit welchem Gerät der Schnappschuss entsteht, der Mensch dahinter zählt. Hat man kein Auge dafür, wird das Bild auch mit der teuersten Kamera schlichtweg nix. Und das ist auch wieder beruhigend, oder? Daher – egal, ob Sie mit Smartphone oder Spiegelreflexkamera auf Motivjagd sind, mit allen Geräten können tolle Bilder gelingen. Wir haben Ihnen hier ein paar grundlegende Tipps zusammengestellt.

TIPP

Porträts perfekt fotografieren

In Kapitel 10, »Schöne Porträtfotos erstellen«, ab Seite 203 zeigen wir Schritt für Schritt, wie Sie gelungene Porträtfotos anfertigen, natürlich unter Berücksichtigung unserer kleinen Fotoschule auf den folgenden Seiten.

1. **Perspektive wechseln:** Man kennt die immer gleichen Fotos, bei denen der Fotograf ganz normal steht und »abdrückt«. Diese Bilder sind eher gewöhnlich und nicht sonderlich spannend. Mit einem einfachen Trick gelingen aber vom gleichen Motiv viel emotionalere Bilder.

Alltägliches mal anders betrachtet – begeben Sie sich auf Augenhöhe mit dem Motiv. Der zappelige Kater von einem der Buchautoren ist hier ein dankbares Fotoobjekt.

Wechseln Sie daher einfach bewusst den Aufnahmestandpunkt. Bei Tieren bietet es sich an, auf deren »Augenhöhe« zu gehen. Also hinknien und dann fotografieren. Sie werden sehen, dass aus einem ganz gewöhnlichen Bild ein richtig tolles Motiv wird. Wie Sie Ihren Vierbeiner dazu bewegen, sich nicht zu bewegen, ist wieder ein anderes Thema. Dieser Tipp ist übrigens auch bei Kindern perfekt – statt »von oben herab« einfach mal in die Hocke gehen und dann fotografieren.

Fotolia: 180701076 © Aleksey

Auch bei Kindern lohnt es sich, für ein gelungenes Motiv mit der Kamera in die Hocke zu gehen.

2. **Ran ans Objekt:** Auch wenn es aufgrund der natürlichen sozialen Distanz, die wir Personen gegenüber einzunehmen gewohnt sind (der zum Händeschütteln ausgestreckte Arm), Überwindung kosten mag – gehen Sie ran ans Objekt, und füllen Sie das Bildformat aus. Trauen Sie sich, Informationen wegzulassen und mit Ausschnitten zu arbeiten. Sollte es das Objektiv nicht zulassen, kann man auch später noch in der Fotobearbeitung nachhelfen und den Bildausschnitt justieren.

Links: ziemlich misslungen – zu weit weg, Beine der Person angeschnitten. Und rechts sehen Sie das gleiche Bild mit einem klar definierten Ausschnitt.

3. **Knollennasen vermeiden:** Sie kennen das – gerade mit dem Smartphone und vor allem bei den so beliebten Selbstporträts, den *Selfies*, sieht man alles andere als vorteilhaft aus. Die Gesichter wirken verzerrt, und vor allem die Nase ist unnatürlich groß, zum Bildrand hin verstärkt sich dieses Phänomen.

Gerade noch so okay – das Selfie von einem der Buchautoren macht den Kopf schon erstaunlich rund, und auch die Nase wirkt größer.

4. **Ausreichend Abstand:** Den gleichen Effekt hat man übrigens, wenn man ein großes Gebäude aus der Nähe fotografiert und es unbedingt komplett auf dem Bild haben möchte – hier sind die Verzerrungen dann ebenfalls offensichtlich. Das Problem ist technisch bedingt, denn bei extrem geringem Abstand zum Objekt muss man mit einem starken Weitwinkel fotografieren. Und das hat leider die Bildverzerrung zur Folge. Für wirklich schöne Erinnerungen daher lieber das Smartphone jemandem in die Hand drücken, der ein paar Schritte zurückgeht und dann das Foto macht.

Fotolia: 179590729 © zwiebackesser

Selfies sind beliebt – in der Realität sind die Bilderergebnisse aber meistens eher ernüchternd.

5. **Blitz aus:** Der in den meisten Kameras und Smartphones verbaute Blitz ist ein absoluter Stimmungskiller. Daher schalten Sie ihn nach Möglichkeit aus und fotografieren lieber mit einem höheren *ISO-Wert*. Diesen kann man bei den meisten Kameras einstellen, Smartphones regulieren das in der Regel vollautomatisch. Ein hoher ISO-Wert bewirkt, dass auch bei schlechten Lichtverhältnissen ohne Blitz verwackelungsfrei fotografiert werden kann. Das ist ungefähr so, wie wenn Sie in der Dunkelheit die Augen etwas zusammenkneifen. Wenn die Kamera die Augen zusammenkneift, leidet leider die Bildqualität. Je höher der ISO-Wert, desto körniger wird das Motiv. Man spricht hier auch von *Bildrauschen*.

Aktuelle Kameras kommen mit einem ISO-Wert bis ca. 3.200 aber fast ohne Qualitätsverlust klar. Und das Bildrauschen ist meist auch nur im Detail oder bei Vergrößerungen wirklich sichtbar.

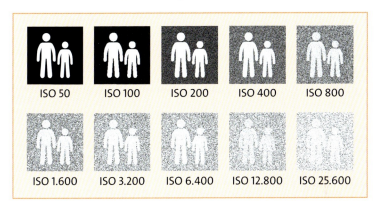

Der ISO-Wert ermöglicht Fotografie ohne Blitz auch bei schlechtem Licht. Je höher aber dieser Wert, desto schlechter die Bildqualität.

Sie sehen – gute Gestaltung basiert zum Großteil auf dem Befolgen gängiger Regeln (und manchmal dann auch dem ganz bewussten Brechen derselben). Betrachten Sie diese Einführung aber nicht als strenges Gesetz, sondern als Anregung im Hinterkopf für Ihre eigenen Werke.

Kapitel 2

Digitale Fotos auf den Computer übertragen

Sie haben mit Ihrer Kamera oder Ihrem Smartphone schon viele Bilder geschossen? Wunderbar, dann müssen diese nur noch auf den Computer übertragen werden. Je nach Gerät ist das etwas kniffelig. Daher zeigen wir Ihnen in diesem Kapitel Schritt für Schritt und mit gängigen Geräten, wie dies ausgesprochen stressfrei funktioniert. Windows stellt mit der *Fotos*-App außerdem einen praktischen Helfer zur Seite, der Ihre Bilder gerne in Empfang nimmt. Sie werden sehen, es ist im Grunde genommen ganz einfach, Ihre Fotos auf den Computer zu bringen, um damit später kreativ zu werden.

Fotolia: 120365641 © Sergey Nivens

Fotografieren macht Freude – und wenn die Bilder dann auch auf dem Computer verfügbar sind, steht tollen Fotoprojekten nichts im Wege.

Fotos von der Digitalkamera importieren

Beim Fotoimport von Ihrer Digitalkamera gibt es verschiedene Wege, die zum Ziel führen:

1. Anschluss der Kamera mittels USB-Kabel am Computer
2. Kabelloses Einlesen der Bilder über Bluetooth oder WiFi von der Kamera
3. Entnehmen der Speicherkarte und Einlesen der Bilder über einen Kartenleser

Ein Kartenlesegerät »versteht« alle Speicherkarten und wird per USB an den Computer angeschlossen. (Bild: Hama)

In den meisten Computern und bei fast allen Notebooks ist ein solcher Kartenleser bereits integriert. Bei Tablet-Computern fehlt er häufig, da gibt es aber externe Kartenleser für wenig Geld zu kaufen.

Wir empfehlen Ihnen in der Praxis die dritte Möglichkeit. Dabei werden die Daten am schnellsten und unkompliziertesten übertragen:

1. Starten Sie die Fotos-App über das Startmenü ⊞ von Windows. Sie finden das Programm entweder in der alphabetisch sortierten Liste ❶ oder
   können in das Suchfeld unten ❷ einfach »Fotos« eintippen und die App
   per Klick starten.

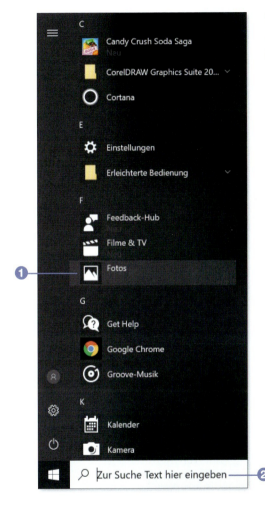

*Im Startmenü finden Sie
die Fotos-App ganz schnell
unter »F«.*

2. Entnehmen Sie die SD-Speicherkarte aus Ihrer Kamera, und stecken Sie
   sie in den entsprechenden Einschub an Ihrem Computer. Sollte Ihr Computer bzw. Tablet nicht über einen solchen Einschub verfügen, können
   Sie, wie gesagt, am USB-Port ein externes Kartenlesegerät anschließen,
   das es für wenig Geld gibt.

3. Die Fotos-App erkennt direkt, dass Sie eine Speicherkarte mit Bildern eingelegt haben, und zeigt dies durch einen schwarzen Punkt bei **Importieren** ❸ an. Klicken Sie einmal auf diese Schaltfläche, und wählen Sie **Von USB-Gerät** ❹.

4. Im folgenden Dialogfenster sehen Sie sämtliche Bilder, die auf der Speicherkarte zur Verfügung stehen. Vielleicht sehen Sie in der Liste schon jetzt Fotos, die gar nicht kopiert werden sollen? Dann klicken Sie auf das Häkchen am jeweiligen Bild ❺. Ist es entfernt ❻, wird das entsprechende Bild nicht mit übertragen. Praktisch: Ganz oben finden Sie die Optionen **Alle Auswahlen aufheben** oder **Alle auswählen** ❼. Damit sparen Sie sich unter Umständen viel »Klickarbeit«.

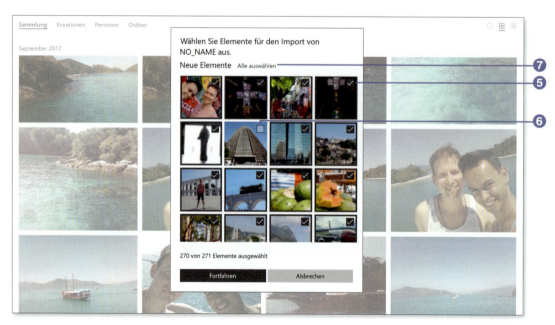

5. Mit einem Klick auf **Fortfahren** ist es fast geschafft. Hier schlägt Fotos vor, Ihre Bilder in den *Bilder*-Ordner bzw. (auf Englisch) in *Pictures* zu kopieren ❽ und zusätzlich die Fotos in Unterordner nach dem Aufnahmemonat ❾ zu sortieren. Das ist so in Ordnung, Sie könnten hier aber auch jeden anderen Ordner auf Ihrem Computer wählen. Und jetzt: Klicken Sie auf **Importieren** ❿.

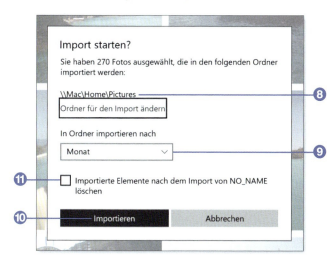

Nicht automatisch löschen lassen

Bei **Importierte Elemente nach dem Import von … löschen** setzen Sie bitte keinen Haken in das Kästchen ⓫. Das Angebot klingt zwar verlockend, aber hier gilt: Sicher ist sicher. Löschen Sie die Bilder lieber später über Ihre Kamera, wenn Sie 100-prozentig sicher sind, dass alle Fotos korrekt übertragen wurden.

6. Den Status des Importvorgangs können Sie in der oberen Leiste der Fotos-App ablesen ⓬.

7. Die importierten Fotos werden direkt im Bereich **Sammlung** in den entsprechenden Monaten ⑬ einsortiert und stehen nun für weitere Kreationen und Experimente bereit.

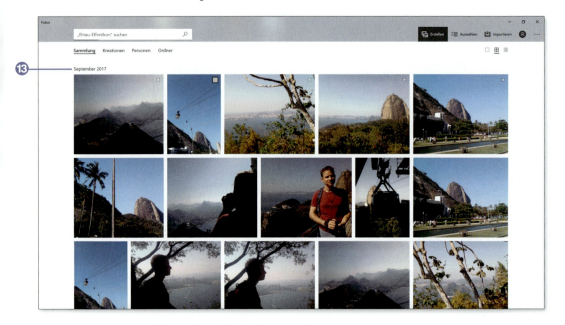

Fertig – Ihre importierten Bilder sind auf dem PC angekommen und in der Fotos-App nach Aufnahmedatum einsortiert.

Im Abschnitt »Den Überblick in der Fotos-App bewahren« ab Seite 43 erfahren Sie, wie Sie die Fotosammlung als nützlichen Ordnungshüter für Ihre schönsten Bilder verwenden.

Fotos vom Smartphone importieren

Sicherlich sind auch auf Ihrem Telefon Hunderte, wenn nicht Tausende Bilder zu finden. Denn das Smartphone hat in vielen Bereichen die kleine Kompaktkamera abgelöst. Und natürlich sollten Sie diese umfangreiche Bildersammlung auch für Ihre kreativen Projekte nutzen können. Es wäre zu schade, wenn die schönsten Schnappschüsse auf dem mobilen Endgerät

»versauern«. Der Weg auf den Computer ist allerdings in den meisten Fällen etwas holprig. Daher zeigen wir Ihnen jetzt Schritt für Schritt, wie das funktioniert.

Fotolia: 23684970 © travelguide

*Auch ganz einfache Mobiltelefone können Fotos machen,
deren Import ist dann aber meist kompliziert.*

INFO

Bilderimport von einfachen Mobiltelefonen ohne Touchscreen

Unsere Import-Anleitung ist nur für gängige Smartphones gedacht. Bei einfacheren Handys ohne Touchscreen, die auch Fotos machen können, ist die Vorgehensweise leider so unterschiedlich, dass wir hier nicht darauf eingehen können. Zumeist wird bei diesen Geräten aber das Fotomaterial auf einer Fotospeicherkarte abgelegt, die dann, wie im vorigen Abschnitt beschrieben, eingelesen werden kann.

Zunächst gilt es zu unterscheiden, welche Art von Handy Sie besitzen. Faktisch gibt es aktuell nur zwei Handy-Betriebssysteme am Markt: iOS von Apple und Google Android. Wir zeigen zunächst den einfachen Weg für alle Telefonbesitzer, auf deren Handy kein Apfel abgebildet ist, die also mit **Android** funktionieren. Die Vorgehensweise ist ganz ähnlich wie beim Import von einer Fotospeicherkarte.

35

1. Starten Sie die Fotos-App über das Startmenü ⊞ von Windows 10.

2. Schließen Sie Ihr eingeschaltetes Android-Smartphone mit einem USB-Kabel an Ihren Computer an, und entsperren Sie es mit Ihrem Code oder Fingerabdruck.

3. Der **Importieren**-Button ❶ ist nun idealerweise schon farbig markiert. Klicken Sie darauf, und wählen Sie **Von USB-Gerät** ❷.

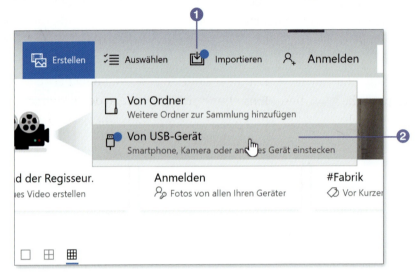

4. Es wird nun nach verfügbaren Geräten gesucht und im Anschluss ein Fenster mit allen Bildern auf Ihrem Smartphone geladen. Ab jetzt ist die Vorgehensweise identisch mit dem Import der Bilder via Speicherkarte – folgen Sie einfach der Anleitung ab Schritt 4 auf Seite 32.

Beim Import Ihrer Fotos vom **iPhone** gibt es eine kleine Spezialität zu beachten, die einen Blick auf die Grundeinstellungen des Geräts verlangt. Denn wir müssen zuerst feststellen, ob Ihre Bilder direkt auf dem iPhone oder in der iCloud abgelegt sind. Ehrlich gesagt, weiß das kein Anwender auf Anhieb, daher schauen wir gemeinsam nach:

1. Öffnen Sie auf Ihrem iPhone mit einem Fingertipp die **Einstellungen**, und tippen Sie dann ganz oben auf **[Ihr Name]** ▸ **iCloud** ▸ **Fotos**.

2. Uns interessiert aktuell nur die **iCloud-Fotomediathek ❶**. Ist diese deaktiviert, wie abgebildet, können Sie bei Schritt 4 auf dieser Seite fortfahren. Denn damit ist klar, dass Ihre Schnappschüsse tatsächlich nur auf Ihrem Mobiltelefon abgelegt sind.

3. Ist die **iCloud-Fotomediathek** aktiviert **❷** und ein Häkchen bei **Laden und Originale behalten ❸** gesetzt, ist das ebenfalls unproblematisch. Grundsätzlich hat diese Einstellung den Vorteil, dass Bilder auf all Ihren Apple-Geräten synchronisiert werden. iPad-Fotos landen also beispielsweise auf dem Smartphone und umgekehrt. Ist dagegen die Option **iPhone-Speicher optimieren ❹** per Häkchen aktiviert, dann werden Sie beim normalen Fotoimport über Windows keine Bilder sehen. Denn Apple sichert bei dieser Einstellung alle Originale in der iCloud und legt nur Vorschaubilder auf Ihrem iPhone ab. Wie Sie trotzdem an diese Bilder herankommen, erklären wir Ihnen ab Seite 38.

4. Nun starten Sie die Fotos-App und schließen Ihr iPhone an. Ganz wichtig – der Sperrbildschirm muss deaktiviert sein, also bitte per Zahlencode, Fingerabdruck oder Gesichtserkennung entsperren.

5. Es wird nun nach verfügbaren Geräten gesucht und im Anschluss ein Fenster mit allen Bildern auf Ihrem iPhone geladen. Ab jetzt ist die Vorgehensweise identisch mit dem Import der Bilder via Speicherkarte (siehe ab Schritt 4 auf Seite 32).

Etwas anders schaut es aus, wenn Sie, wie in Schritt 3 auf Seite 37 beschrieben, Ihre Bilder aus Platzgründen in der iCloud und also nur »virtuell« auf Ihrem iPhone haben. Doch auch dann können Sie Ihre Fotos auf Ihren Windows-Computer bringen. Der Zugriff auf die iCloud über das Internet ist die Lösung. Und so funktioniert es:

1. Öffnen Sie den Internetbrowser Ihrer Wahl, unter Windows 10 wird dies Edge, Firefox oder Chrome sein, und tippen Sie in die Adresszeile ❶ »www.icloud.com« ein. Es erscheint der Anmeldebildschirm.

2. Hier tippen Sie nun Ihre Apple-ID-Daten ein. Das sind Ihre bei Apple registrierte E-Mail-Adresse und Ihr Passwort. Danach genügt ein Klick auf den Pfeil ❷, und Sie können auf die iCloud online zugreifen.

3. Das sieht alles ganz nach **iPhone** aus, oder? Hier haben Sie Zugriff auf viele Ihrer Daten und eben auch auf die komplette Fotomediathek ❸. Klicken oder tippen Sie das Symbol der Fotos-App an, um Zugriff auf Ihre gesamte Bildersammlung zu erhalten.

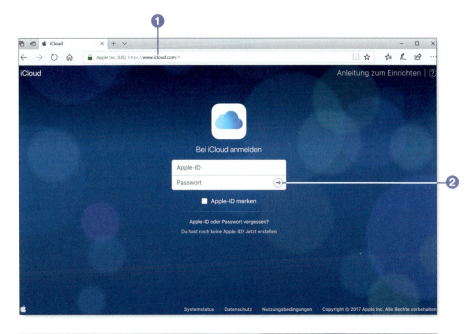

4. Nun wählen Sie nacheinander all jene Bilder aus, die Sie gerne auf Ihren Computer kopieren möchten. Das klappt per gedrückter Strg-Taste und Mausklick oder per Fingertipp. Die gewählten Fotos erhalten einen blauen Rand.

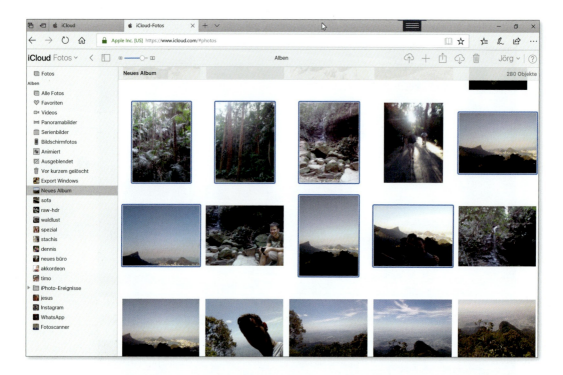

5. Über das Symbol **Gewählte Objekte laden** ❹ und einen weiteren Klick auf **Herunterladen** ❺ speichern Sie Ihre Fotos aus der iCloud auf Ihren Computer. Bilder aus der iCloud können Sie übrigens als Original ❻ oder mit allen Bearbeitungen ❼ laden, wenn Sie etwa schon am iPhone fleißig Fotokorrekturen betrieben haben.

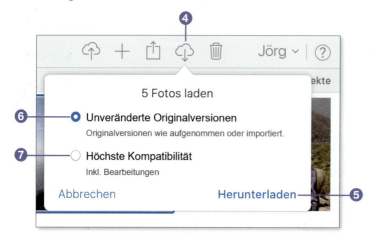

6. Vor dem Herunterladen wird Ihr Internetbrowser noch wissen wollen, in welchem Ordner die Fotos abgelegt werden. Diesen können Sie frei wählen, danach kommen die Bilder auf Ihren Computer. Die iCloud-Seite kann danach geschlossen werden.

7. Gehen Sie nun zurück in die Windows-Fotos-App. Mit ein wenig Glück wurden die neuen Bilder schon erkannt und werden nun im Bereich **Sammlung** angezeigt. Falls nicht, führen Sie bitte die Schritte im folgenden Abschnitt aus.

Fotos aus einem Ordner oder Laufwerk importieren

Sie haben vielleicht auf Ihrem Computer schon jede Menge Bilder abgelegt, sehen diese aber nicht in der Übersicht der Fotos-App? Oder Sie wollen Ihre Bilder lieber selbst auf dem Computer organisieren, ohne dass die Fotos-App diese automatisch kopiert? Auch dafür hat das Programm eine Möglichkeit parat – auf Wunsch werden ausgewählte Ordner permanent überwacht. Kommen neue Bilder hinzu, dann werden diese automatisch in Ihre Fotosammlung integriert.

1. Gehen Sie in der Fotos-App auf den Punkt **Ordner** ❶. Es werden im Anschluss all jene Ordner angezeigt, die die Fotos-App automatisch nach neuen Bildern durchforstet.

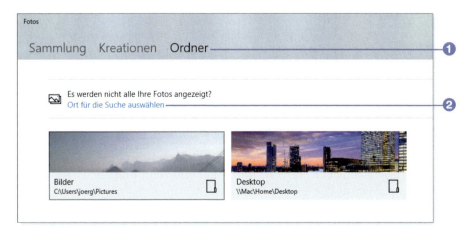

2. Klicken Sie auf **Ort für die Suche auswählen** (❷ auf Seite 43), um einen weiteren Ordner oder ein Laufwerk auszuwählen. Im folgenden Fenster gehen Sie im Bereich **Quellen** auf **Ordner hinzufügen** ❸.

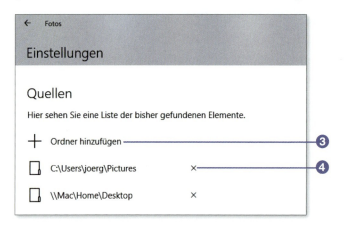

TIPP

Ordner entfernen

Möchten Sie einen der überwachten Ordner entfernen, klicken Sie einfach das **X**-Symbol ❹ dahinter an. Wichtig: Damit werden Ihre Bilder nicht von der Festplatte gelöscht, sondern die enthaltenen Bilder einfach nicht mehr in der Fotos-App angezeigt.

3. Im folgenden Fenster schlägt die App eventuell Ordner vor, die Bilder enthalten. Ist der gewünschte Ordner schon dabei, klicken Sie in das Kästchen davor ❺ und anschließend auf **Ordner hinzufügen** ❻. Liegt der *Bilder*-Ordner auf einem anderen Laufwerk, wird er meist nicht erkannt. In diesem Fall klicken Sie auf **Weiteren Ordner hinzufügen** ❼, um über den Explorer zu navigieren. Lassen Sie sich nicht irritieren, dass hier keine Vorschaubilder oder Ordnerinhalte angezeigt werden. Klicken Sie einfach auf **Diesen Ordner zu „Bilder" hinzufügen** ❽. Ein abschließender Klick auf **Ordner hinzufügen** ❻ und den Rückpfeil links oben ← Fotos bringt Sie zurück zur Fotosammlung und zeigt nun auch die neu gefundenen Motive an.

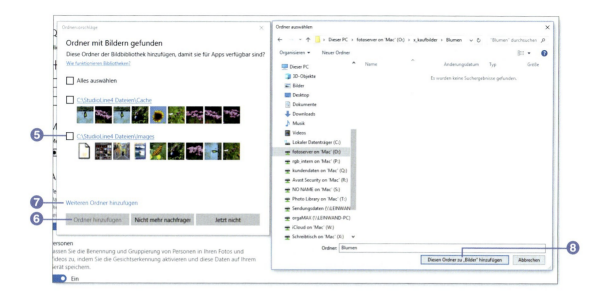

Fügen Sie nun zukünftig Bilder in einen der gelisteten Ordner hinzu, wird die Fotos-App diese direkt unter **Sammlung** anzeigen.

Den Überblick in der Fotos-App bewahren

Die Fotos-App in Windows 10 ist das perfekte Sammelalbum für Ihre digitalen Schnappschüsse. Sie haben das Programm schon beim Fotoimport ein wenig kennengelernt. Auf den folgenden Seiten werden wir Ihnen einen kurzen Einblick verschaffen, wie praktisch diese Art der Fotoablage ist.

Im Vergleich zum klassischen Fotoalbum ist der unschlagbare Vorteil, dass diese automatisch nach Aufnahmedatum einsortiert werden, und nicht zuletzt, dass man die Bilder gar nicht erst einkleben muss. Auch den Aufnahmeort merkt sich die Fotos-App, sofern das Bild vom Smartphone kommt, und Sie können direkt danach suchen. Außerdem legen Sie in Windeseile kleine separate Sammelalben an, um beispielsweise den letzten Urlaub nur mit den besten Bildern direkt griffbereit zu haben. Und natürlich sind Ihre Fotos mit nur einem Klick präsentationsbereit, ohne dass Sie sich lange durch Ihre Ordnerstruktur klicken müssen. Nehmen Sie Ihr Notebook oder Ihren Tablet-Computer einfach mit zu Freunden, und starten Sie eine Fotoshow.

Für unsere kreativen Projekte im Buch ist die Fotos-App die ideale Ausgangsbasis zur Bildrecherche. Statt in Ordnern oder auf USB-Sticks zu suchen, finden Sie hier schnell und einfach die benötigten Bilder. Daher stellen wir Ihnen im Folgenden die Grundfunktionen kurz vor.

❶ Alle vorhandenen Fotos werden im Hauptbildschirm angezeigt und können mit dem Scrollrad der Maus, per Fingerwischgeste auf dem Tablet oder mit dem Trackpad Ihres Notebooks erkundet werden.

❷ Die Sortierung erfolgt nach Monat und Jahr ...

❸ ... sowie dem Datumsbereich ...

❹ ... und der Anzahl der Fotos, die in diesem Bereich abgespeichert sind.

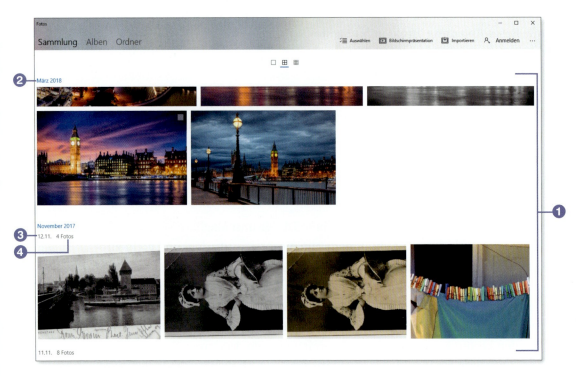

Die Fotos-App bietet einen schnellen Überblick über all Ihre Bilder.

Die Menüleiste ist der Ausgangspunkt aller Ihrer Aktivitäten:

⑤ Mit **Erstellen** können Sie im Handumdrehen ein kleines Video oder digitales Fotoalbum erstellen. Wie das funktioniert, zeigen wir Ihnen im Abschnitt »Ganz ohne Diakasten: mit der Fotos-App eine digitale Fotoshow vorbereiten« ab Seite 216.

⑥ Mit **Auswählen** können Bilder für eine bestimmte Funktion markiert werden.

⑦ **Importieren** bringt alle Bilder von der Speicherkarte Ihrer Digitalkamera oder dem Smartphone direkt in die Fotos-App, so wie eingangs beschrieben.

⑧ **Anmelden** ist dafür vorgesehen, wenn Sie sich mit Ihrem Microsoft-Konto verbinden und die Fotos beispielsweise auf Ihrem Mobiltelefon und Tablet mit anderen Personen teilen wollen.

⑨ Die Suchfunktion ist ein praktisches Hilfsmittel und kann nach Datum, Dateiname und sogar auf Fotos abgebildeten Objekten suchen. Die Fotos-App analysiert tatsächlich die Bildinhalte. Daher kann man getrost Begriffe wie »Bart«, »Strand« oder »Haus« eingeben. Probieren Sie es einfach aus.

Um Bilder zu betrachten, hat Fotos einige praktische Möglichkeiten an Bord, die wir Ihnen kurz zeigen:

1. Sie scrollen entweder per Scrollrad an der Maus oder per Wischbewegung am Tablet mit zwei Fingern durch den gesamten Bestand Ihrer Bilder. Die Anzeigegröße ändern Sie in drei Stufen (von Groß nach Klein) über die drei Symbole unter der Menüleiste.

2. Um ein Foto formatfüllend auf den Bildschirm zu bringen, reicht aber auch einfach ein Doppelklick auf das entsprechende Bild.

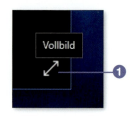

3. Wollen Sie das Bild zudem ganz ohne Bedienelemente bzw. Menüleiste im sog. *Vollbildmodus* anzeigen, klicken Sie auf das Pfeilsymbol rechts unten ❶.

4. Zurück zur letzten Ansicht geht es mit einem Klick oder Fingertipp auf das Foto. Die Menüleiste und ein Verkleinern-Pfeil ❷ werden eingeblendet. Diesen klicken Sie an.

5. Ganz zurück zur Fotosammlung geht es über den Rückpfeil links oben im Bildschirm.

Bilder in Paint 3D einfügen

Sie haben nun Ihre schönsten Bilder auf dem Computer gespeichert? Dann steht unseren kreativen Projekten nichts mehr im Wege. Ab Seite 129 geht es zu den Praxisworkshops, für die Sie gar nicht genug Bilder zur Verfügung haben können. Doch zunächst noch ein wenig »Theorie« – denn wie kommen nun die Fotos aus der Fotos-App wiederum in die App Paint 3D? Das wollen wir noch geschwind trainieren.

1. Starten Sie zunächst die Fotos-App und im Anschluss Paint 3D. Beide Apps finden Sie wie gewohnt in Ihrem Startmenü. Wenn Sie nicht gleich fündig werden – im Abschnitt »Das erste Dokument anlegen und speichern« ab Seite 75 zeigen wir Ihnen, wo genau Sie Paint 3D finden und auf welche Arten Sie es starten können.

2. In Paint 3D klicken Sie im Willkommensbildschirm auf die Schaltfläche **Neu**, um eine leere Zeichenfläche zu erhalten.

3. Ordnen Sie nun die beiden Programmfenster wie in der Abbildung gezeigt auf dem Desktop überlappend an, und wechseln Sie in die Fotos-App. Die Fotos-App muss im Vordergrund sein, um Bilder in Paint 3D zu laden.

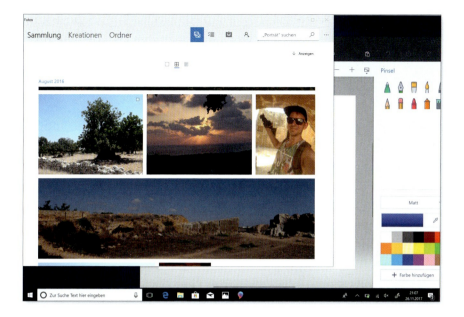

4. Nun ziehen Sie Ihr Wunschbild mit gedrückter Maustaste oder einem Fingertipp am Tablet von der Fotos-App auf die Zeichenfläche in Paint 3D und lassen los, sobald das kleine +-Symbol erscheint ❶. Mit ein wenig Übung ist das kein Problem.

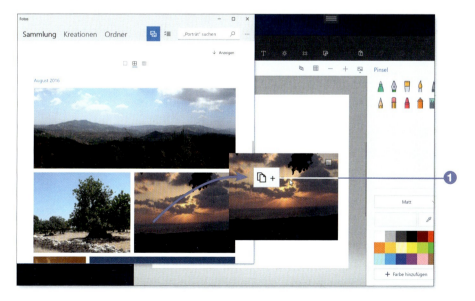

5. Jetzt können Sie komplett zu Paint 3D wechseln und die Fotos-App schließen. Das Foto nimmt im Grafikprogramm nun die gesamte Zeichenfläche ein. Mit den Anfassern am Rand des Bildes ziehen Sie es in die gewünschte Größe oder verschieben es, indem Sie auf die Bildfläche klicken und dann per Maus ziehen.

Zudem stehen Ihnen rechts unter **Drehen und spiegeln** noch ein paar einfache Möglichkeiten zur perfekten Platzierung zur Verfügung: Sie können das Bild über die Schaltflächen um jeweils 90 Grad drehen ❷ oder horizontal bzw. vertikal spiegeln ❸. Am Bild auf der Zeichenfläche selbst finden Sie einen zusätzlichen Button, mit dem es stufenlos gedreht werden kann.

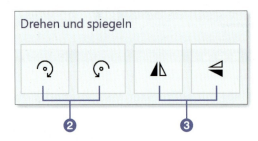

ACHTUNG

Keine Änderungen nach Bestätigung möglich

Paint 3D ist etwas eigenwillig in Sachen Änderungen. Wenn Sie das Bild als normales 2D-Objekt bearbeiten und dann die Änderung durch Drücken von ⏎ auf der Tastatur bzw. mit einem Mausklick bestätigen, ist es gewissermaßen mit der Zeichenfläche »verschmolzen« und kann nicht mehr so leicht bearbeitet werden. Es gibt aber einen Trick, den wir Ihnen in Schritt 6 auf Seite 49 verraten.

Ist Ihnen das Missgeschick schon passiert, hilft nur ein Klick auf das Symbol für **Rückgängig** rechts oben in der Menüleiste. Dann können Sie das Bild erneut platzieren.

6. Damit Ihr Foto nicht dauerhaft mit der Zeichenfläche verschmilzt, wandeln Sie es besser direkt in ein 3D-Objekt um. Die entsprechende Schaltfläche finden Sie auf der rechten Seite. Ein Klick genügt, und Ihr Bild ist ein dauerhaft frei verschiebbares Objekt.

7. Wie Sie sehen, sind einige neue Steuerelemente dazugekommen. Das Bild kann nun nicht nur gedreht oder in der Größe skaliert, sondern auch dreidimensional gedreht werden. Diese 3D-Funktionalität sehen wir uns später, in den Workshops, genauer an.

Ein 3D-Bild ist schnell erstellt und sieht auf den ersten Blick ganz normal aus, ist damit aber ein frei veränderbares Objekt und hat noch jede Menge Überraschungen parat!

Okay, Sie sind doch neugierig? Nun gut, wir sind ja noch am Üben – probieren Sie doch einfach aus, was passiert, wenn Sie an den vier Steuerelementen Hand anlegen. Danach dürfen Sie das Dokument in Paint 3D einfach schließen, ohne zu speichern. Das klappt so wie bei allen Programmen und Apps, nämlich indem Sie die App mit einem Klick auf das **X**-Symbol rechts oben im Programmfenster beenden.

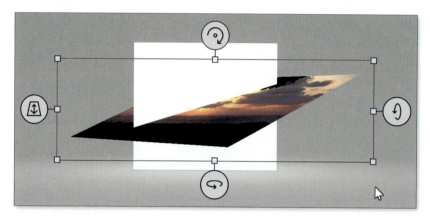

Ist das Kunst, oder kann das weg? Die ersten Gehversuche in 3D

Kapitel 3

Gute alte Zeiten – Fotos, Dias und Zeichnungen auf den Computer bringen

Den guten alten Schuhkarton mit vielen Erinnerungen der vergangenen Jahrzehnte gibt es in fast jedem Haushalt. Oder vielleicht existiert noch das gepflegte Familienalbum der Eltern und Großeltern? Die vielen Papierbilder lassen sich natürlich ideal für Projekte verwenden, beispielsweise ein Fotobuch oder eine schöne Einladungskarte.

Fotolia: 118533433 © Sinnlichtarts

Es wäre doch schade, wenn Erinnerungsbilder im Schuhkarton verstauben.

In diesem Kapitel zeigen wir Ihnen, wie Sie Papierbilder, Dias und Negative ganz unkompliziert auf Ihren Computer bringen und dort für kreative Arbeiten verwenden können. Die gezeigten Methoden eignen sich natürlich auch dazu, Gemälde oder Zeichnungen zu digitalisieren.

Welche Geräte werden benötigt?

Um Ihre Papierbilder, Zeichnungen oder Gemälde zu digitalisieren, haben Sie verschiedene Möglichkeiten zur Auswahl:

1. **Smartphones** – fast jedes moderne Mobiltelefon hat eine ordentliche Kamera eingebaut. Und diese eignet sich in der Regel schon ganz gut, um Ihre schönsten Erinnerungen auf den Computer zu bringen. Im folgenden Abschnitt ab Seite 53 zeigen wir ganz detailliert, wie das funktioniert und was Sie neben Ihrem Mobiltelefon an Ausstattung benötigen.

Jedes Smartphone hat eine Kamera integriert. (Bild: Apple)

2. **Flachbettscanner** – diese Geräte funktionieren ganz ähnlich wie ein Kopierer, hier wird allerdings kein Papier ausgespuckt, sondern das Motiv in den Computer gespeichert. Viele Drucker haben einen einfachen Scanner schon dabei. Falls nicht, kann man Geräte für unter 100 € erwerben. Diese sind für das Einlesen von Papierbildern gut geeignet. Wie das funktioniert, zeigen wir ab Seite 58. Soll das Gerät auch Dias einscannen können, muss man ungefähr doppelt so viel investieren, dazu aber mehr ab Seite 63. Diese Scanner haben dann eine zusätzliche Lichtquelle von oben eingebaut.

*Ein klassischer
Flachbettscanner
(Bild: Epson)*

3. **Dia- und Negativscanner** – diese Geräte sind speziell für die Digitalisierung der Filmstreifen gedacht und können keine Papierbilder einlesen. Die Investition in solch ein Gerät lohnt sich, wenn Sie eine Diasammlung besitzen oder Ihre Fotos nur als Negative archiviert haben und auf beste Qualität setzen.

Papierbilder mit dem Smartphone scannen

Das Einscannen Ihrer Bilder mit einem Smartphone hat gleich mehrere **Vorteile**:

- Die Bilder können zumeist im Album eingeklebt bleiben,
  und das Album wird nicht beschädigt.
- Es wird keine zusätzliche Hardware benötigt.
- Der Scanvorgang geht rasend schnell.
- Es sind keinerlei Vorkenntnisse erforderlich.

Nachteile:

- Es können nur Papierbilder, keine Negative oder Dias gescannt werden.
- Sie müssen die Fotos später noch vom Smartphone auf Ihren Computer übertragen. Aber das ist ja prinzipiell sehr schnell erledigt (siehe dazu den Abschnitt »Fotos vom Smartphone importieren« ab Seite 34).

Was ebenfalls wichtig ist: Nicht jede Handy-Kamera ist für gute Bilder geeignet. Sprich, mit einem »Billig-Smartphone« ist nachher auch das Bildergebnis nicht besonders gut. Aufgrund der vielen Geräte am Markt können wir hier auch keine direkte Empfehlung aussprechen. Mit allen iPhones ab Version 5 sind Sie aber gut dabei, und auch die Samsung-Galaxy-Serien ab Version 6 machen in Sachen Fotografie eine gute Figur. Natürlich gibt es noch viele weitere Hersteller, deren Smartphones gute Bilder liefern. Im Zweifelsfall probieren Sie es doch einfach aus – später am Computer sehen Sie in jedem Fall, ob das Smartphone, das Ihnen zur Verfügung steht, gute Ergebnisse liefert.

Vor dem Abfotografieren Ihrer Bilder benötigen wir eine kostenlose App, die das Telefon in einen perfekten Scanner verwandelt. Sie fragen sich vielleicht, warum das notwendig ist? Nun, machen Sie doch einfach einen Test, und versuchen Sie, mit Ihrer normalen Smartphone-Kamera-App ein Bild abzufotografieren. Wetten, dass das ungefähr so aussieht?

Nicht so einfach – mit dem Smartphone abfotografierte Bilder müssen normalerweise massiv nachbearbeitet werden.

Krumm, verzerrt und mit Lichtreflexion. So macht das Abfotografieren keine Freude, und Sie verbringen mehr Zeit mit der Nachkorrektur als mit der Gestaltung von Neuem. Ganz gleich, wie sehr Sie sich bemühen – mit den Bordmitteln Ihres Smartphones gelingen keine schönen Bilder. Und hier im Vergleich das identische Bild unter gleichen Lichtbedingungen, mit der App *Google Fotoscanner* aufgenommen, ohne Reflexionen, Verzerrungen, unschöne Bildränder, dafür mit ordentlichen Farben:

Die App Google Fotoscanner liefert auf jedem Smartphone tolle Bildergebnisse ohne lästige Nachbearbeitung – hier übrigens das Autorenteam beim gemeinsamen Urlaub 2005.

Daher empfehlen wir, den Google Fotoscanner auf Ihrem Smartphone zu installieren. Die App ist kostenlos und mit wenigen Klicks auf allen gängigen Mobiltelefonen installiert. Geben Sie dazu entweder im *App Store* (iPhone) oder im *Google Play Store* (Android-Smartphone) den Namen der App in die Suchmaske ein, und bestätigen Sie entweder mit **Laden** oder **Installieren**.

Der kostenlose Google Fotoscanner ist schnell aus dem jeweiligen App Store installiert.

Jetzt sind Sie bestens gerüstet, um Ihr erstes Bild einzuscannen. Zur Vorbereitung empfehlen wir, das Bild auf einen neutralen Untergrund, beispielsweise einen grauen Karton, zu legen. Denn farbige Untergründe können die Smartphone-Kamera irritieren, und Ihr Motiv hat später einen Farbstich. Selbstverständlich können Sie auch direkt die Bilder direkt im Album scannen, wenn die Seiten nicht zu sehr gebogen sind.

Und so einfach gelingt es:

1. Starten Sie den Google Fotoscanner auf Ihrem Smartphone. Beim ersten Start werden Sie gefragt, ob Sie der App den Zugriff auf die Kamera erlauben, was zum Scannen der Bilder natürlich unerlässlich ist. Bestätigen Sie die Frage also mit einem Fingertipp auf **OK** ❶ (auf dem iPhone) bzw. **Zulassen** ❷ (auf dem Android-Smartphone).

2. Nun positionieren Sie die Smartphone-Kamera möglichst gerade über Ihrem Papierbild. Vermeiden Sie starke Perspektiven. Ob Sie die Kamera dabei senkrecht oder waagerecht halten, spielt keine Rolle. Das Bild muss innerhalb des Display-Rahmens komplett abgebildet sein.

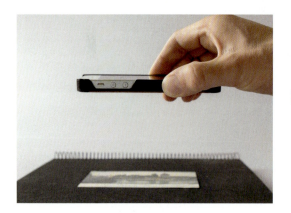

3. Drücken Sie auf den Auslöser ❸. Nun erscheinen an den Rändern vier Punkte auf Ihrem Bild. Google lässt Sie wissen, dass Sie den mittleren Punkt ❹ nun bitte auf die anderen vier Punkte bewegen sollen. Klingt

ein wenig kompliziert, ist aber in der Praxis eigentlich ganz einfach: Sie bugsieren den Kreis durch die Bewegung Ihres Smartphones einfach der Reihe nach an alle Außenkanten Ihres Bildes. Google fotografiert Ihr Motiv nämlich insgesamt fünfmal hintereinander und errechnet daraus ein perfektes Endbild.

4. Das Ergebnis landet in der Galerie ⑤ der Fotoscanner-App. Sie können also direkt mit dem nächsten Bild weitermachen oder per Fingertipp auf die Galerie das Bild im Großformat betrachten.

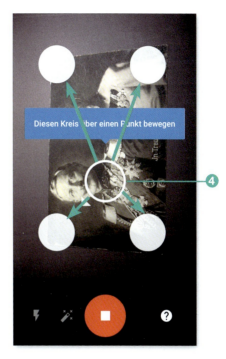

5. Sind Sie in der Vollbildansicht, gelangen Sie mit einem Klick auf den Pfeil links oben in die Übersicht mit allen aktuell eingelesenen Bildern.

6. Mit **Alle Speichern** ⑥ landen die Bilder in Ihrer Fotosammlung auf dem Smartphone und können nun, wie ab Seite 34 beschrieben, auf Ihren Computer in die Fotos-App zur weiteren Bearbeitung kopiert werden.

Die gescannten Fotos werden auf Wunsch direkt in Ihre Fotosammlung gespeichert.

Papierbilder mit dem Flachbettscanner scannen

Mit einem ganz normalen Scanner ist das Digitalisieren Ihrer Bilder ebenfalls gut machbar. Der Vorteil: Der Scanner kann Bildausschnitte in höherer
Qualität einlesen als ein Smartphone, auch Spezialitäten wie die automatische Entfernung von Kratzern und eine direkte Farbkorrektur sind hier je
nach Gerät möglich. Zudem haben Sie wahrscheinlich so ein Gerät schon
im Haus, denn viele Drucker haben diese Funktion mittlerweile einfach mit
dabei. Kommen Ihre Papierbilder direkt aus dem Schuhkarton, ist das perfekt – denn sind die Aufnahmen noch im Fotoalbum fixiert, ist zuerst Handarbeit angesagt, um diese herauszulösen. Nur so gelingen beste Ergebnisse.

TIPP

Vorsicht bei historischen Fotoalben

Gerade beim antiken Album von Oma und Opa sind die Motive häufig fest im Fotoalbum verankert. Riskieren Sie nicht, das Album oder
die Bilder zu zerstören, die Fotokleber sind meist sehr hartnäckig!
Hier sollten Sie zunächst versuchen, das gesamte Album auf den
Scanner aufzulegen und während des Scanvorgangs, wie beim Kopieren eines Buches, fest und »platt« aufzudrücken. Das kann aber
wieder zulasten der Bindung des Albums gehen. Daher: In solchen
Fällen lohnt es sich, die Bilder mit dem Smartphone zu scannen
(siehe den vorigen Abschnitt).

Im Gegensatz zur App am Smartphone verlangen die meisten Scanner-
programme am Computer etwas mehr Wissen. *DPI, Farbtiefe, Skalierungs-
faktor* und vieles mehr sind Fachbegriffe, die hier vorausgesetzt werden.
Wir führen Sie hier beispielhaft mit einem Scanprogramm von Epson durch
gängige Einstellungen hindurch, die bei den verschiedenen Herstellern
meist identisch sind.

1. Legen Sie zum Start erst einmal ein Foto auf den Scanner, und starten
Sie unter Windows das Scanprogramm. Klicken Sie auf **Vorschau** ❶, um
zu sehen, ob das Bild richtig positioniert ist. Auf der rechten Seite sehen
Sie dann nach wenigen Sekunden die gesamte Scanfläche mit Ihrem
Foto ❷.

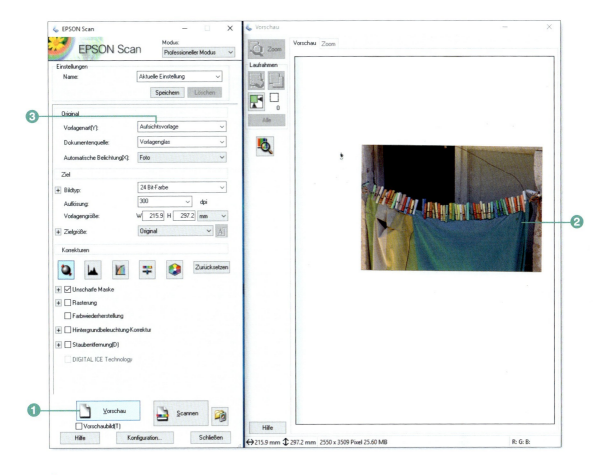

2. Im Bereich **Original** legen Sie fest, welche Vorlagenart Sie scannen wollen. Der Fachbegriff für Fotos, Postkarten, Zeitungsausschnitte und Co. lautet **Aufsichtsvorlage** ❸. Das ist in diesem Fall auch korrekt. Unser Beispielscanner kann auch Filme scannen, das könnte hier also alternativ gewählt werden.

3. Im Bereich **Ziel** wird es nun richtig spannend. Der **Bild-typ** ❹ legt fest, ob Sie ein Farbbild oder lieber ein Schwarz-Weiß-Bild im Endergebnis erhalten wollen.

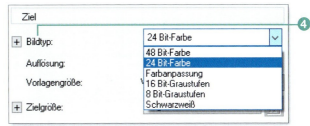

59

Sie können also ein buntes Foto direkt als Graustufenbild einlesen. Für Sie gilt:

Gewünschtes Ergebnis	Begrifflichkeit im Scannerprogramm
Farbbild	24 Bit Farbe
Schwarz-Weiß-Bild neutral	8 Bit Graustufen
Schwarz-Weiß-Bild mit Sepia-Färbung o. Ä.	24 Bit Farbe
Nur Text	Schwarz-Weiß

4. Die **Auflösung** ❺ umfasst, grob gesagt, die Genauigkeit, mit der das Bild eingelesen wird. Diese Angabe kommt aus der Zeit, als es noch keine Computer gab und Metalldruckplatten belichtet wurden. 300 dpi (Punkte pro Inch) sind perfekt, um Ihr Foto später auch für hochwertige Ausdrucke zu nutzen.

5. Die **Vorlagengröße** ❻ beschreibt die Größe des Bildes, das gerade gescannt wird. Standardmäßig würde die gesamte Scanfläche eingelesen. Da Sie nur Ihr Bild als Endergebnis haben möchten, klicken Sie in das Vorschaufenster und markieren mit gedrückter Maustaste den Bildbereich ❼. Damit verändert sich dann auch die Vorlagengröße.

6. Die **Zielgröße** definiert, ob Ihr Bild vergrößert eingescannt wird. Bei **Original** ❽ wird Ihr Bild 1:1 eingescannt. Haben Sie später vor, Ihr Foto für ein Plakat zu verwenden, oder möchten Sie später nur einen kleinen Bildausschnitt stark vergrößert verwenden, sollten Sie über **Zoom** (❾ auf Seite 62) die Vergrößerung erhöhen. Der Scanner nimmt dann weiterhin die in Schritt 4 eingestellten 300 dpi, vergrößert aber das Bild beim Einscannen zusätzlich. Sprich: Soll das Bild später doppelt so groß wie die Vorlage abgebildet werden, geben Sie hier auch 200 % ein.

7. Weitere Einstellungsmöglichkeiten ❿ sind von Scanner zu Scanner unterschiedlich. Bei unserem Gerät steht beispielsweise noch eine Staub- und Kratzerentfernung zur Verfügung oder eine Entfernung der Rasterung. Letzteres ist nützlich, wenn man einen Zeitungsartikel oder eine Buchseite einscannt. Das ist aber dann schon Profi-Know-how und für den Einstieg nicht notwendig.

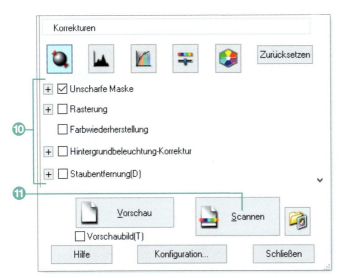

Je nach Scanner stehen weitere Korrekturmöglichkeiten parat.

Haben Sie alle Einstellungen vorgenommen, klicken Sie abschließend auf **Scannen** ⓫, um das Bild zu digitalisieren und auf Ihrer Festplatte zu sichern. Jede Scannersoftware wird neben dem Dateinamen auch noch das Dateiformat wissen wollen. Hier als kleine Hilfestellung:

Bildformat	Einsatzmöglichkeit
JPEG	Perfektes Standardformat. Kann problemlos in jeder Software verwendet und per Mail verschickt werden. Achtung: Hier sollte man bei den Optionen immer »Hohe Qualität« einstellen.
TIF	High-End-Format mit bester Qualität. Dann geeignet, wenn Sie das Bild später noch in einer Fotobearbeitung massiv nachbearbeiten wollen. Belegt sehr viel Speicherplatz.
BMP, PDF	Diese Bildformate sind für unsere Projekte und die Weitergabe nicht geeignet.

Neben dem Dateinamen und Speicherort müssen Sie auch das Dateiformat definieren.

Einscannen von Dias und Negativen

Sie haben noch eine Menge Diakästen im Schrank? Auch diese kann man natürlich digitalisieren und dann am Computer wie ein Digitalfoto nutzen. Das gilt auch für Negativfilme. Allerdings ist der Vorgang nicht ganz so einfach wie beim Papierbild. Das liegt daran, dass das Dia oder Negativ zum einen recht klein ist und zum anderen durchleuchtet werden muss, damit man ein Bild sieht. Mit dem Smartphone oder normalen Scanner klappt das daher nicht. Ebenfalls nicht zu unterschätzen: Dias und Negative haben meist ziemlich verkratzte Oberflächen, auch diese sollten idealerweise automatisch korrigiert werden. Sonst ist heftige Nacharbeit erforderlich.

Sie haben daher folgende Optionen:

- Dias oder Negative im Fotolabor digitalisieren lassen. Diese Möglichkeit ist stressfrei und qualitativ hochwertig, aber auch mit ordentlichen Kosten verbunden. Zudem müssen Sie Ihre wertvollen Erinnerungen aus der Hand geben.

- Selbst scannen mit einem speziellen Dia- oder Negativscanner. Hier können Sie selbst Hand anlegen und Ihre Erinnerungen nach Wunsch scannen. Unterschätzen Sie aber nicht den Zeitaufwand. Pro Bild sind ganz grob zwei Minuten als Richtwert einzuplanen. Hinzu kommt die Investition in das Gerät selbst.

Im Folgenden geben wir Ihnen einen kleinen Überblick über die verschiedenen am Markt erhältlichen Scannertypen:

- **Schnell und günstig – die Einsteigerklasse:** Kleine Scanner für Dias und Negative kosten meist auch weit unter 100 €. Die Vorgehensweise hier ist simpel: Dia einlegen, Scanvorgang starten, nächstes Dia einlegen. Diese Geräte sind schnell, man muss aber tatsächlich jedes Dia oder Negativ einzeln scannen. Staub- und Kratzerentfernung besitzen diese Scanner meist auch nicht, da sie im Grunde genommen wie eine Digitalkamera funktionieren.

Etwas mühselig, aber bei wenigen Dias ideal: ein kleiner Dia- und Negativscanner. (Bild:Reflecta)

- **Semiprofessionell am Flachbettscanner:** Am Flachbettscanner mit einer sog. *Durchlichteinheit* ist im Gegensatz zu den kleinen Scannern viel mehr Fläche vorhanden. Folglich passen hier auch meist mehrere Dias oder Negativstreifen auf das Gerät, was beim Einscannen Zeit spart. Zudem haben diese Scanner häufig eine Staub- und Kratzerentfernung (ICE) mit dabei.

Flachbettscanner können mit einer sog. Durchlichteinheit auch Dias und Negative scannen. (Bild: Epson)

Scanner mit diesem Funktionsumfang gibt es ab ungefähr 250 € zu kaufen, die Profiliga kostet ab 600 € aufwärts. Hier gibt es dann eine noch bessere Bildauflösung und höhere Geschwindigkeit, für den Heimanwender rechnet sich das aber nur, wenn die Diasammlung mehrere Tausend Dias umfasst.

- **Profiliga mit automatischem Einzug:** Bei Tausenden Dias lohnt der Blick auf spezielle Diascanner (für Negative gibt es leider keine Lösung). Diese nehmen einfach ein komplettes Diamagazin auf und scannen jedes Dia hintereinander ein. Die Geräte sehen aus wie Diaprojektoren, nur dass im Inneren eben ein optischer Scanner arbeitet. Wenn Sie eine umfangreiche Diasammlung haben, ist so ein Gerät wirklich zu empfehlen. Die Vorgehensweise ist einfach: Gerät einrichten, Diamagazin einlegen und den Scanvorgang starten. Staub- und Kratzerentfernung sowie Farbkorrekturen erfolgen je nach Software direkt beim Scannen.

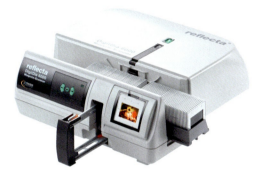

Für viele Dias ideal: Ein Diascanner wie hier von Reflecta digitalisiert direkt vom Diamagazin in den Computer. (Bild: Reflecta)

Beim Einscannen von Dias und Negativen mit einem Multifunktionsscanner der Einsteigerklasse gibt es erfreulich wenig zu beachten. Besonders praktisch: Der Scan erfolgt auf eine SD-Karte, wie sie auch in Digitalkameras verwendet wird. Sie müssen am Computer gar nichts installieren. Hier zeigen wir Ihnen anhand eines typischen Modells, wie einfach das mit Dias funktioniert.

Fotos, Dias und Negative liest dieses Einsteigergerät einfach auf eine Speicherkarte, ganz ohne PC. (Bild: Pearl.de)

1. Wischen Sie Ihre Dias mit einem weichen Tuch vorsichtig ab, um den Staub der Jahre zu entfernen. Bitte keine Reiniger oder Ähnliches verwenden, um die empfindliche Filmschicht nicht zu beschädigen.

2. Legen Sie die Dias in die mitgelieferte Halterung ein. Es gibt hier immer Einrastpunkte, Sie können nichts falsch machen. Der geschlossene Filmhalter wird dann in das Gerät geschoben.

3. In unserem Beispiel, mit einem Somikon-Scanner der Firma Pearl, legen Sie nun eine SD-Speicherkarte ein und starten das Gerät. Im Display navigieren Sie mit den Pfeiltasten nach links bis zum Personen-Icon. Das Betätigen der Taste **Enter** am Gerät ermöglicht es Ihnen, die Sprache auf **Deutsch** einzustellen. Die Auswahl der Sprache klappt wiederum mit den Pfeiltasten und einem Druck auf die Taste **Enter**.

4. Zurück im Hauptmenü navigieren Sie auf das Filmstreifensymbol. Mit **Enter** wählen Sie hier **Dia** aus. Sofort startet der Aufnahmemodus, es kann losgehen.

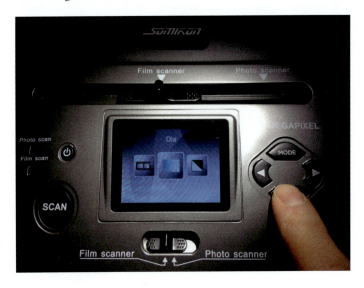

5. Ziehen Sie den Filmstreifenhalter so weit durch das Gerät, dass auf dem Display das erste Dia zu sehen ist. Dann drücken Sie die **Scan**-Taste am Scanner und anschließend die **Enter**-Taste, um das Bild auf der Speicherkarte abzulegen.

6. Und schon kann das nächste Bild folgen. Wiederholen Sie einfach Schritt 5.

7. Sind Sie mit dem Scannen fertig, nehmen Sie die Speicherkarte aus dem Scanner und legen sie an Ihrem Computer ein. Jetzt können die Bilder in die Fotos-App importiert werden, wie im Abschnitt »Fotos von der Digitalkamera importieren« ab Seite 30 beschrieben.

Komplexer wird es, wenn Sie mit einem Flachbettscanner Ihre Dias und Negative digitalisieren wollen. Die Einstellungsmöglichkeiten sind hier extrem vielfältig, alleine das könnte fast schon ein eigenes Buch füllen. Daher hier lediglich ein wichtiger Tipp: Beim Scannen von Papierbildern haben Sie gelernt, dass man das Motiv mit 100, 200 oder mehr Prozent vergrößern kann. Beim Dia oder Negativ muss das noch einiges mehr sein. Denn diese Filme haben pro Bild nur eine Größe von 24 × 36 Millimetern. Möchten Sie später formatfüllend auf ein DIN-A4-Papier drucken, dann müssen Sie hier mit dem Faktor 8 rechnen, also um 800 % vergrößern.

Bilder nachbearbeiten

Eingescannte Bilder, egal, ob mit dem Smartphone oder Scanner, bedürfen in der Regel einer kleinen Schönheitskur. Sei es, dass Staub und Kratzer auf dem Bild waren, die Farben schon im Original nicht besonders gut aussehen oder der Bildausschnitt unglücklich gewählt ist. All das kann man mit der Fotos-App von Windows 10 ganz wunderbar und wirklich einfach nachbearbeiten. Sie verfügen mit diesem Programm über eine kleine digitale Dunkelkammer, die die Basisfunktionen der Bildkorrektur umfasst, was für den Einstieg auch völlig ausreichend ist. Wir zeigen Ihnen hier Schritt für Schritt den Weg zum perfekten Foto. Abschließend geben wir Tipps für

Fotobearbeitungsprogramme, die noch deutlich mehr können und für Ihr neues Hobby eine perfekte Ergänzung sind.

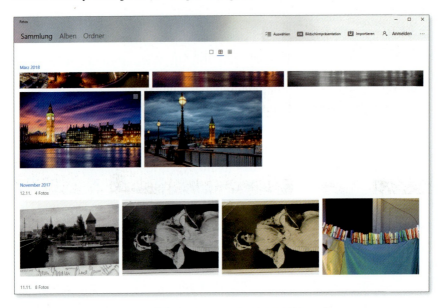

Die Fotos-App zeigt natürlich nicht nur die Digitalfotos Ihrer Kamera, sondern auch eingescannte Bilder an.

Zunächst müssen Ihre eingescannten oder fotografierten Bilder in die Fotos-App geladen werden. Wie das funktioniert, haben wir in Kapitel 2, »Digitale Fotos auf den Computer übertragen«, ausführlich erläutert. Wenn Sie den automatischen Fotoimport aktiviert haben, sehen Sie die neuen Fotos sogar direkt beim Start des Programms. Wir wollen nun ein Bild farblich und im Ausschnitt perfektionieren.

1. Starten Sie die Fotos-App, und klicken Sie im Bereich **Sammlung** das gewünschte Foto an. Es wird direkt großformatig eingeblendet. War es doch das falsche Bild, gelangen Sie über den Pfeil links oben ← zurück zur Fotoauswahl.

2. In der Menüleiste oben klicken Sie auf den Punkt **Bearbeiten und erstellen** ❶ und im Ausklappmenü auf **Bearbeiten** ❷, um den Korrekturbereich zu laden. Die Menüleiste ❸ sehen Sie übrigens nur dann, wenn ein Bild großformatig angezeigt wird, Sie es also zuvor angeklickt haben.

3. Im rechten Bereich gehen Sie direkt zum Punkt **Anpassen** ❹. Es erscheinen Bedienelemente, um das Bild handwerklich zu verschönern. Wir entscheiden uns zunächst für **Zuschneiden und drehen** ❺. Es wird ein neuer Bildschirm geladen. Hier können Sie ggf. Bildränder entfernen oder schräge Bilder gerade rücken. Klicken Sie auf **Fertig** (❻ auf Seite 70), um zu den anderen Bearbeitungswerkzeugen zurückzukehren.

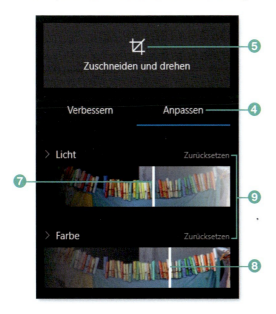

4. Probieren Sie nun die Regler **Licht** ❼ und **Farbe** ❽ (siehe Seite 69) aus, indem Sie die weiße Linie nach rechts oder links schieben. Die Änderung wird an Ihrem Bild direkt sichtbar. Mit **Licht** verändern Sie die Helligkeit des Bildes, mit **Farbe** werden die Farben abgeschwächt oder deutlich satter. Ein Klick auf **Zurücksetzen** ❾ bringt den jeweiligen Regler übrigens wieder auf den Originalzustand zurück, Sie können also nach Herzenslust ausprobieren.

Originalbild und farblich optimierte Version im direkten Vergleich

Wer etwas exakter korrigieren will, klappt bei **Licht** und **Farbe** die Optionen über das kleine Icon ❯ aus. Hier stehen dann umfangreiche Korrekturmöglichkeiten parat. Bei Licht sind dies:

❶ Kontrast: Damit wird das Bild deutlich »knackiger«. Hier sollten Sie aber aufpassen, dass die Bildwirkung noch natürlich bleibt.

❷ Belichtung: Wie bei der Fotokamera kann mit der Belichtung die Gesamthelligkeit des Bildes verändert werden.

❸ Helle Flächen: Sind die hellen Bereiche zu hell oder zu dunkel, werden diese hier ganz unabhängig vom restlichen Bildmotiv bearbeitet.

❹ Schatten: Hier werden nun lediglich die dunklen Bildbereiche optimiert. Perfekt beispielsweise bei Fotoaufnahmen in der Kirche, wo die Fenster schön strahlen, aber der Innenraum noch stockfinster ist.

Im Bereich **Farbe** haben Sie folgende Einstellungsmöglichkeiten:

▪ **Farbton:** Verschiebt den gesamten Farbbereich des Bildes und ist ideal, um Farbstiche bei alten Aufnahmen in den Griff zu bekommen.

▪ **Wärme:** Wirkt das Bild tendenziell zu kalt oder zu warm, wird das mit diesem Schieberegler behoben. So hauchen Sie beispielsweise einem Bild an einem Regentag schönes warmes Sonnenlicht ein.

Abschließend werden im Bereich **Anpassen** noch rote Augen und Bildflecken korrigiert. Beide Werkzeuge arbeiten nach demselben Prinzip: Wählen Sie das gewünschte Werkzeug mit einem Klick aus, und klicken Sie damit dann entsprechend auf rote Augen oder eben Flecken in Ihrem Bild. Flecken können übrigens auch Pickel oder Staubkörner sein. Knicke und lange Kratzer zu korrigieren ist mit diesen Tools allerdings nicht möglich. Dazu ist andere Software notwendig.

Der zweite große Bereich **Verbessern** ❶ hält zwei Funktionen bereit. Mit einem Klick auf **Foto verbessern** wird Ihr Bild vollautomatisch optimiert, die Stärke dieser Optimierung stellen Sie dann mit dem erscheinenden weißen Schieberegler ein. Ansonsten finden sich bei **Filter auswählen** ❷ noch einige nette Effekte, um Ihr Foto farblich künstlerisch zu verfremden. Der aktuell beliebte »Retro-Look«, also die Optik von jahrzehntealten Bildern, ist hier mit 15 Filtern machbar.

Nun muss das korrigierte Bild noch gesichert werden. Hier haben Sie im unteren Bereich der rechten Leiste die notwendigen Optionen parat. Wenn Sie diese nicht sehen, scrollen Sie ein wenig nach unten. Mit **Speichern** ❸ wird Ihr Originalbild überschrieben. Das würden wir eher nicht empfehlen, denn gefällt die Korrektur doch nicht, gibt es keinen Weg zurück. Sicherer fahren Sie daher, wenn Sie das Bild als **Kopie speichern** ❹. Sollte Ihnen die gesamte Korrektur nicht gefallen, setzen Sie mit **Alles rückgängig** ❺ übrigens alle Bearbeitungen auf den Originalzustand zurück.

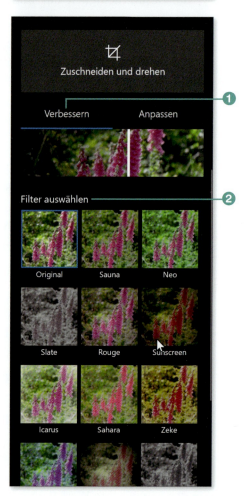

»Speichern« ist gut, »Kopie speichern« ist deutlich besser, damit das Originalfoto in jedem Fall erhalten bleibt.

Noch mehr Bearbeitungsmöglichkeiten mit separaten Programmen

Die Fotos-App bietet gute Standardkorrekturen, um Bilder schnell zu korrigieren. Aber klar ist auch – für aufwendige Retuschen oder gar Fotomontagen ist der Griff zu anderer Software notwendig. Hier können Sie etwa alte Bilder restaurieren, einfärben, Personen ausschneiden oder verschwinden lassen und vieles mehr. Das behandeln wir in diesem Buch nicht, wollen Ihnen aber bei Interesse gerne eine kleine Empfehlung für Programme machen, mit denen Sie noch mehr Fotobearbeitung betreiben können. Wir versprechen: Die Investition lohnt sich.

- *Adobe Photoshop Elements 2018*: Die Software ist perfekt für den Hobbyeinsatz und bringt Ordnung ins Bilderchaos. Der Fotoeditor bietet umfangreiche Korrekturmöglichkeiten und Kreativfunktionen. Sehr schön: Zahlreiche Assistenten lotsen den Anwender selbst durch aufwendige Bearbeitungsschritte. Eine Demoversion kann unter *www.adobe.de* zum Ausprobieren heruntergeladen werden.

Seit Jahren ein Hit für Hobbyanwender: Fotoverwaltung, Kreativfunktion und Retusche in einem Programm (Bild: Adobe)

- *Skylum Luminar 2018*: Die Software ist für die Bildbearbeitung ein wahres Multitalent und bietet viele Voreinstellungen, mit denen Bilder per Mausklick optimiert werden können. Zudem können viele Effekte und Korrekturen miteinander kombiniert werden. Auch ohne Vorkenntnisse gelingen gute Bilder. Wichtig: Fotomontagen oder Ähnliches sind mit der Software allerdings nicht möglich. Eine Demoversion gibt es hier: *https://skylum.com/de*.

Luminar bietet handwerkliche Fotokorrekturen in Perfektion.

- *CyberLink Photo Director 9*: Ein wahres Multitalent für Einsteiger und Profis ist der Photo Director. Fotoverwaltung, Bearbeitung mit geführten Assistenten und umfangreiche Profi-Korrekturwerkzeuge sind ideal für Einsteiger und Fortgeschrittene. Die kostenlose Demoversion kann unter *https://de.cyberlink.com* geladen werden.

Ideal zum »Mitwachsen« – der PhotoDirector bietet für Einsteiger und Fortgeschrittene die richtigen Werkzeuge. (Bild: CyberLink)

Kapitel 4

Grundlagen der Arbeit mit Paint 3D

Die App Paint 3D ermöglicht es Ihnen, am Computer richtig kreativ zu arbeiten. Mit den unzähligen in der Software bereits enthaltenen Grafiken und sogar 3D-Modellen haben Sie zudem eine unerschöpfliche Inspirationsquelle zur Hand. In Paint 3D führen Sie Text, Bild und Grafik zusammen und erstellen damit Ihre ganz eigenen Projekte. Einige davon werden wir gemeinsam mit Ihnen in den kommenden Kapiteln realisieren.

Doch zunächst schauen wir uns die Oberfläche und die Bedienung von Paint 3D an. Wie bei jedem Programm unter Windows gibt es auch hier zahlreiche Schaltflächen und Werkzeuge, deren Funktionalität wir Ihnen in diesem Kapitel Schritt für Schritt erläutern. Hier dreht sich alles um die Grundfunktionen. Im Detail gehen wir in den folgenden Kapiteln immer wieder konkret darauf ein, wenn das entsprechende Werkzeug in der Praxis benötigt wird.

Daher lohnt es sich, die folgenden kleinen Übungen mit Paint 3D durchzuarbeiten, damit Sie sich später voll auf das Gestalten konzentrieren können.

Das erste Dokument anlegen und speichern

Zunächst schauen wir uns an, wie man mit Paint 3D ein Dokument anlegt und speichert. Auch wenn Sie die Grundlagen der Computerbedienung schon beherrschen, empfehlen wir, die Schritte kurz durchzugehen. Denn die Software geht etwas ungewöhnliche Wege, was das Ablegen Ihrer Daten betrifft. Ihre Arbeitsdaten werden nämlich nicht, wie Sie es sonst gewohnt sind, in einem Ordner auf Ihrer Festplatte gespeichert, sondern quasi direkt in der Software abgelegt und von dort wieder aufgerufen. Daher, auf geht es mit den ersten Schritten in Paint 3D.

1. Starten Sie Paint 3D aus dem Startmenü von Windows, indem Sie die App in der alphabetischen Liste per Klick aufrufen ❶, oder geben Sie, wenn Sie nicht lange scrollen möchten, »Paint 3D« gleich in das Cortana-Suchfeld ❷ ein, und wählen Sie das Suchergebnis ❸ per Klick aus.

Wie Sie Paint 3D für Ihre künftige Arbeit noch schneller starten, lesen Sie im Abschnitt »Paint 3D als Kachel oder in der Taskleiste ablegen« ab Seite 117.

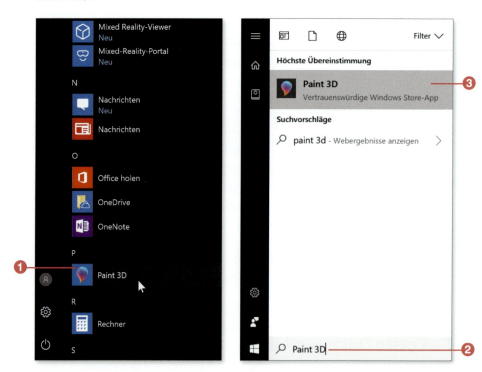

2. Im Startbildschirm der App wählen Sie nun per Klick **Neu** ❹ aus, um ein ganz frisches Layout anzulegen. Dieses wird direkt als leere Fläche geladen.

3. Obwohl wir noch gar nichts gezeichnet haben, wollen wir das Dokument zur Übung nun bereits speichern. Die entsprechenden Befehle verstecken sich hinter dem Ordnersymbol ⑤ links oben. Ein Klick darauf öffnet ein Menü mit einer Menge Funktionen:

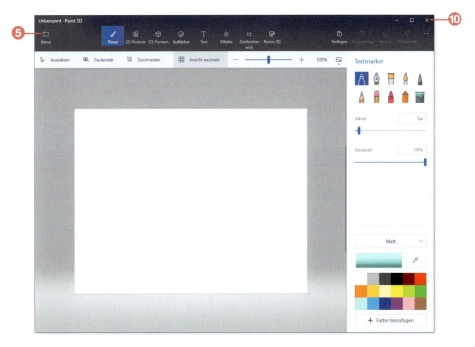

4. Wir wählen aus dem Menü nun **Speichern** bzw. **Speichern unter** ❻ aus. Im Speichern-unter-Dialog rechts wählen wir **Paint 3D-Projekt** ❼ aus. Das ist perfekt, um die Datei auch später noch weiter bearbeiten zu können. Alle Objekte bleiben in dieser Projektdatei noch verschieb- und anpassbar. Jetzt müssen Sie nur noch einen Dateinamen ❽ vergeben, indem Sie das bereits markierte Feld **Unbenannt** überschreiben und mit **In Paint 3D speichern** ❾ bestätigen.

ACHTUNG

Dokumente werden direkt in Paint 3D gesichert

Für fortgeschrittene Anwender irritierend: Es wird nicht nach einem Speicherort für Ihre Daten gefragt. Tatsächlich werden die Projektdateien direkt in der Software abgelegt und nicht, wie man sonst annehmen dürfte, im **Dokumente**-Ordner auf Ihrer Festplatte.

5. Um gleich zu erfahren, wo die App nun Ihre erste Datei abgelegt hat, schließen Sie Paint 3D über das **X**-Symbol rechts oben (❿ auf Seite 77) und starten die App erneut. Jetzt klicken Sie im Willkommensbildschirm der App auf **Öffnen** (⓫ auf Seite 77) und suchen im Bereich

Gespeicherte Projekte das gerade abgelegte Projekt ⑫ aus. Öffnen Sie es per Doppelklick.

Sie sehen, Paint 3D funktioniert eigentlich ganz ähnlich wie andere Windows-Programme. So gerüstet können wir direkt die Werkzeuge in Augenschein nehmen.

Die Werkzeuge in Paint 3D

Jetzt starten wir mit der App so richtig durch. Haben Sie die App geöffnet, klicken Sie direkt auf die Schaltfläche **Neu** im Willkommensbildschirm, um ein leeres Dokument zu erstellen. Nun sehen Sie im oberen Bildschirmbereich jede Menge Symbole, hinter denen sich die einzelnen Werkzeuge verstecken.

> **INFO**
>
> **Mehr Übersicht mit sprechenden Symbolen**
>
> Klicken Sie rechts oben im Programmfenster auf die drei Punkte
> ▪▪▪, werden im Menüband zusätzlich die Bezeichnungen der Symbole eingeblendet. Auf die gleiche Weise können Sie diese wieder ausblenden.

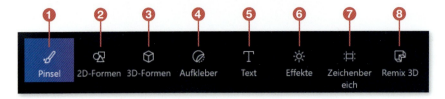

1 **Pinsel:** Hiermit malen Sie auf Ihrer digitalen Leinwand nach Herzenslust. Alles dreht sich hier um das freihändige Malen und Zeichnen. Pinselstärke, Farbe und Intensität werden mit diesem Werkzeug ebenfalls eingestellt.

2 **2D-Formen:** Hier haben Sie Zugriff auf Formen wie Dreieck, Quadrat oder verschiedene Linien und Kurven.

3 **3D-Formen:** Umfangreiche perspektivische Objekte laden hier zum Experimentieren ein und garantieren tolle Effekte. Alle Objekte sind frei drehbar und können ganz nach Geschmack eingefärbt werden. Zudem können Sie diese Auswahl um weitere Modelle ergänzen, die es zumeist kostenlos zum Download gibt.

4 **Aufkleber:** Hinter diesem Werkzeug verbergen sich fertig gestaltete Objekte und Grafiken, die Sie mit einem Klick in ein Dokument übernehmen können. Sie haben die Möglichkeit, diese Sammlung nach Ihren Vorstellungen und mit eigenen Werken zu erweitern.

5 **Text:** Ganz klar, hier geht es um das geschriebene Wort. Mit diesem Werkzeug entstehen knackige Überschriften und Texte, egal, ob zwei- oder dreidimensional.

6 **Effekte:** Klingt spannend, aber in Wirklichkeit dient dieses Werkzeug nur der Einstellung der Gesamtbeleuchtung und Lichtfarbe Ihres Werkes.

7 **Zeichenbereich:** Für spezielle Anwendungen muss Ihr Dokument die richtige Größe haben. Das wird hier festgelegt.

8 **Remix 3D:** Das macht richtig Spaß – stöbern Sie in unzähligen 3D-Grafiken, fügen Sie diese in Ihr Werk ein, und ändern Sie sie nach Wunsch ab. Im Gegenzug können Sie Ihre tollsten Objekte ebenfalls dort hochladen und öffentlich präsentieren.

In diesem Kapitel werden wir uns die ersten vier Werkzeuge, Pinsel, 2D-Formen, 3D-Formen und die Aufkleber, näher anschauen.

Die Pinsel-Werkzeuge – Albrecht Dürer in Pixelform

Starten wir direkt mit den Pinsel-Werkzeugen. Sofern noch nicht geschehen, klicken Sie das passende Icon in der Menüleiste an. Schon haben Sie im rechten Bildschirmbereich eine umfangreiche Palette mit vielen Pinseln zur Auswahl. Damit werden Sie ganz schnell zum Meister aller Farben.

1. Wählen Sie aus der Palette der Pinsel-Werkzeuge rechts eines nach Wunsch aus. Mit einem Klick auf eine der Varianten ❶ erfahren Sie ihre Bedeutung ❷. Wir entscheiden uns für die ersten Versuche für den Buntstift. Legen Sie nun einfach los, und ziehen Sie, sofern Sie an einem »normalen« PC arbeiten, mit gedrückter Maustaste einen ersten Strich im Layout. So einfach geht das!

2. Etwas differenzierter wird es, wenn Sie kleinere Striche ziehen und dabei immer die Maustaste loslassen. Das gibt einen schönen Schraffurstil. Sie bemerken sicher, dass an jenen Stellen, die Sie mehrfach übermalen, die Deckkraft zunimmt. Wichtig: Jedes der Werkzeuge in Paint reagiert hier »natürlich« – sprich, beim Bleistift gibt es diesen Übermaleffekt nicht, bei den Wasserfarben fällt er dafür umso stärker aus.

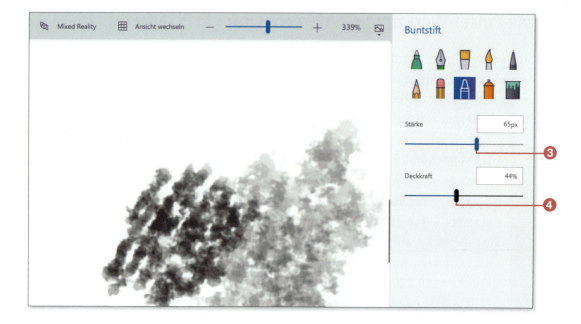

3. Für mehr Gestaltungsspielraum stehen in der rechten Palette **Stärke** ❸ und **Deckkraft** ❹ bereit. Mit Stärke ist eigentlich die Pinselgröße gemeint. Diese passen Sie per Schieberegler nach Wunsch an. Die Deckkraft wird dann verändert, wenn Sie hellere Farbabstufungen wünschen oder mehrfach mit anderen Farben übermalen wollen. Probieren Sie es direkt aus.

4. Die Farbpalette in Paint ist nahezu unbegrenzt. Mit einem Klick auf eines der Farbfelder ❺ wird der Pinsel umgefärbt, und beim nächsten Klick können Sie in der gewählten Farbe arbeiten. Fehlt eine Farbe, klicken Sie einfach auf das **+**-Symbol ❻ und wählen aus dem eingeblendeten Fenster Ihre Wunschfarbe. Verschieben Sie dazu das kleine Quadrat ❼ mit der gedrückten Maustaste auf der großen Farbfläche so lange, bis Sie im Quadrat rechts daneben ❽ Ihren Farbton »gemischt« haben, und bestätigen Sie mit **OK** ❾. Malen Sie mit der neuen Farbe direkt in den Zeichenbereich. Probieren Sie aus, was passiert, wenn Sie mit verschiedenen Farben und verringerter Deckkraft übereinandermalen. Wichtig: Das Auswahlmenü **Material** ❿ (hier mit **Poliertes Metall** dargestellt) bleibt der Arbeit mit 3D-Objekten vorbehalten.

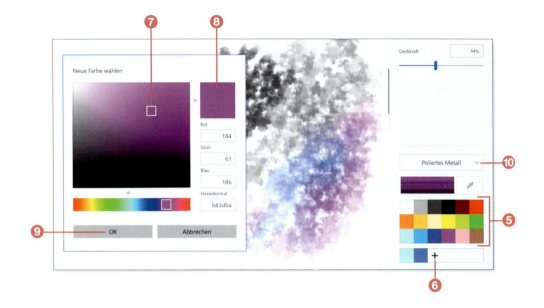

2D-Formen – grafisch stark!

Die 2D-Formen sind ganz einfach Objekte, die Sie vielleicht auch schon aus Office-Programmen als *Cliparts* kennen. Wählen Sie dieses Werkzeug aus der Menüleiste oben aus, ändert sich die Palette rechts. Schauen wir uns nun an, was es hier zu entdecken gibt, und zeichnen einige Objekte. Die Vorgehensweise ist immer dieselbe. Öffnen Sie dazu zunächst ein neues Dokument in Paint 3D über das Ordnersymbol.

Haben Sie noch das Übungsdokument geöffnet, erfolgt eine Abfrage, ob es gespeichert werden soll; wir empfehlen Ihnen, diese Versuche abzuspeichern, für die folgende Übung brauchen wir es.

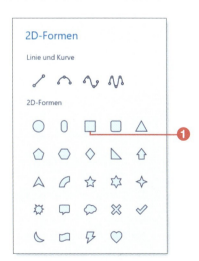

1. **1.** Wählen Sie mit der Maus eine beliebige Form aus den 2D-Formen aus. Wir nehmen hier das Quadrat ❶.

2. **2.** Klicken Sie mit gedrückter Maustaste in Ihren Zeichenbereich, und ziehen Sie das Objekt auf die gewünschte Größe.

3. Am Objekt selbst sehen Sie zwei Symbole. Mit dem Drehpfeil ❷ drehen Sie das Quadrat auf Wunsch in beiden Richtungen (links und rechts herum) um bis zu 360 Grad, das Stempelwerkzeug ❸ dupliziert es. Hier heißt es aber aufgepasst. Wird das Objekt dupliziert, ist die erste Grafik im Hintergrund fixiert, Sie können nur noch mit der Kopie arbeiten! Daher lieber die Finger davonlassen. Befinden Sie sich mit der Maus auf dem Objekt selbst, erscheint ein Werkzeug mit vier Pfeilen. Sowie Sie jetzt die Maustaste drücken, verschieben Sie das Objekt auf Ihrem Zeichenbereich an die gewünschte Stelle.

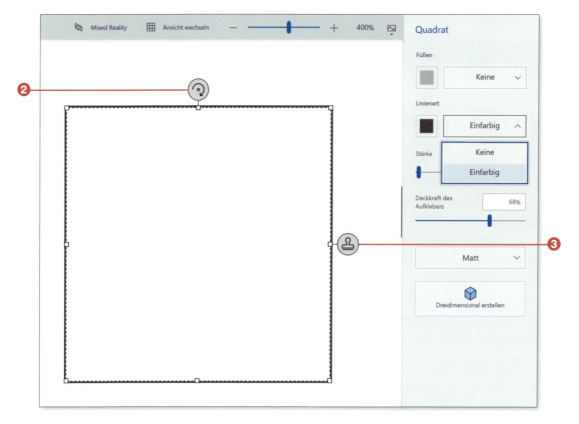

4. Viel spannender ist aber, was sich mittlerweile in der Palette rechts getan hat. Hier legen Sie die Füllung ❹ und Linienart des Umrisses ❺ fest. Beides funktioniert nach dem gleichen Prinzip. Mit einem Klick auf die jeweilige Farbe ❻ legen Sie im sich öffnenden Auswahldialog die Farbe fest, und mit einem weiteren Klick auf **Keine** und die anschließende Auswahl von **Einfarbig** erfolgt die Umfärbung.

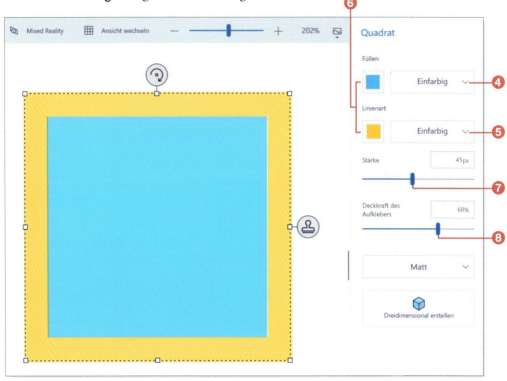

5. Mit dem Schieberegler unter **Stärke** ❼ verändern Sie die Linienstärke der Kontur. Diese wird gleichmäßig nach außen und innen erweitert, eine starke Kontur verkleinert Ihr Objekt also optisch. Mit **Deckkraft des Aufklebers** ❽ legen Sie die Transparenz des gesamten Objekts fest. Ist die Deckkraft heruntergesetzt, scheinen später Grafiken darunter etwas durch. Haben Sie aus der vorherigen Übung noch Ihre Malversuche parat, schieben Sie das Quadrat doch einfach darüber.

Auch hier gilt: Die Materialauswahl (❾ auf Seite 86) bleibt 3D-Objekten vorbehalten. Auch den Punkt **Dreidimensional erstellen** (❿ auf Seite 86) bewahren wir uns an dieser Stelle für später auf (siehe dazu etwa

den Abschnitt »Zusätzliche grafische Elemente – Remix 3D und Aufkleber« ab Seite 133). Sie haben die Schaltfläche und Ihre Bedeutung beim
Übertragen von Bildern auf den Computer, im Abschnitt »Bilder in Paint
3D einfügen« auf Seite 49, kurz kennengelernt.

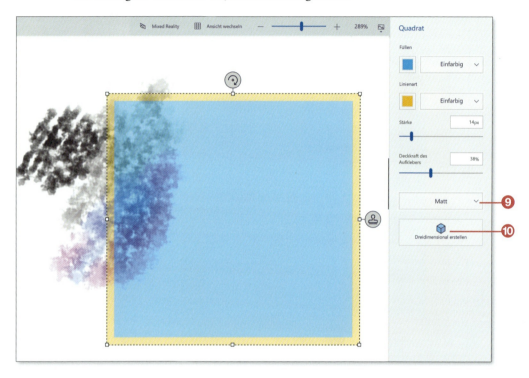

Im Folgenden zeigen wir Ihnen am Beispiel noch kurz, wie Sie die **Linien**
nutzen, die auch in den 2D-Objekten zu finden sind (die dargestellte Vorgehensweise ist dabei bei allen Linien-Werkzeugen identisch).

1. Klicken Sie auf einen weißen Bereich in die Zeichenfläche, damit das
   2D-Formen-Werkzeug wieder die anfängliche Palette rechts anzeigt.

2. Wählen Sie aus der Palette die **3-Punkt-Kurve** (das zweite Symbol von
   links) aus, und klicken Sie einmal in die Zeichenfläche. Es wird ein Kur-
   venobjekt angelegt, das Sie direkt mit den Anfassern außen ❶ auf die
   gewünschte Größe bringen. Das Aussehen der Linie entspricht dem letzten Stand Ihrer grafischen Aktivitäten – Farbe und Stärke sind so, wie
   Sie sie beim letzten Objekt eingestellt hatten.

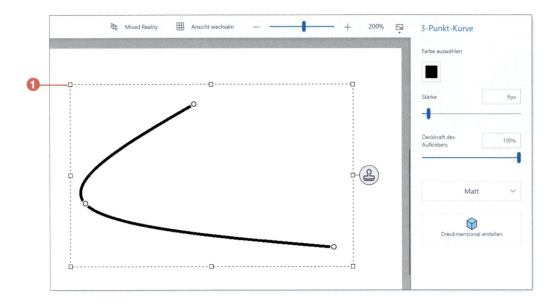

3. Wählen Sie in der rechten Palette zunächst noch die Farbe ❷, die Linienstärke ❸ und die Deckkraft ❹ aus. Den Verlauf der Kurve verändern Sie über die runden Anfasserpunkte an der Kurve selbst ❺. Mit gedrückter Maustaste nimmt sie die von Ihnen gewünschte Form an, und fertig ist Ihre Linie.

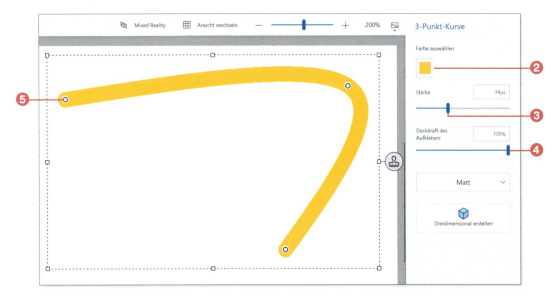

3D-Formen – auf in neue Dimensionen

Jetzt wird es richtig klasse – mit den 3D-Formen erstellen Sie ganz unkompliziert komplexe dreidimensionale Objekte. Diese können Sie sogar frei im Raum drehen und nach Wunsch färben. Sie glauben, das macht richtig Spaß? Finden wir auch!

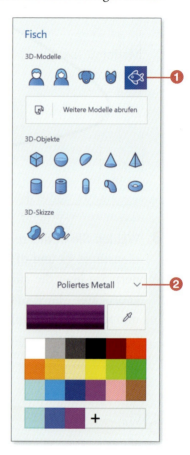

1. Wählen Sie in der Menüleiste den Punkt **3D-Formen** mit einem Klick aus, es erscheint die abgebildete Palette. Zum Start wählen wir einfach den Fisch ❶ mit einem Klick aus.

2. Anders als bei allen anderen Arbeiten in Paint 3D müssen Sie sich hier unbedingt vor dem Platzieren eines Objekts auf eine Oberflächenart festlegen, da diese später nicht mehr editierbar ist. Wählen Sie daher in der rechten Palette aus dem Auswahlmenü zunächst das gewünschte Material ❷. **Poliertes Metall** ist für unseren Zweck recht schick. Wenn Sie möchten, legen Sie auch gleich noch eine Farbe fest, wie oben bereits beschrieben.

3. Nun platzieren Sie den Fisch mit einem Klick auf die Zeichenfläche.

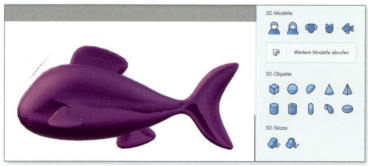

4. Rund um das neue Objekt sehen Sie nun vier verschiedene Symbole. Mit dem Drehen-Werkzeug ❸ drehen Sie den Fisch im oder entgegen dem Uhrzeigersinn. Rechts außen finden Sie ein weiteres Drehen-Werkzeug ❹. Das dreht Ihr Objekt nun aber vertikal um die eigene Achse, horizontal klappt das mit dem nächsten Symbol ❺. Das letzte Symbol ❻ ist nicht ganz selbsterklärend und schauen wir uns später an – hier bestimmt man, wie weit das Objekt in den dreidimensionalen Raum »hineinschaut«.

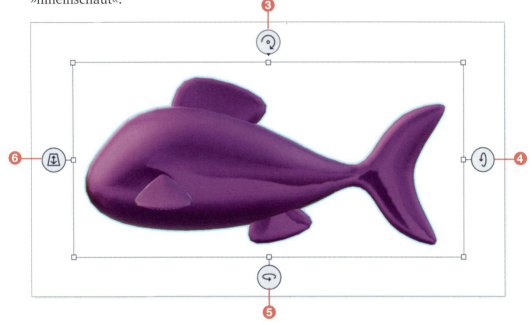

5. Wie eingangs erwähnt – die Oberfläche des Objekts ist nicht mehr zu ändern, immerhin kann über die rechte Palette mit **Farbe bearbeiten** der Farbton noch angepasst werden.

6. Damit wäre auch das erste dreidimensionale Objekt erstellt. Speichern Sie Ihr erstes 3D-Werk gerne ab, wir benötigen es später noch.

Man hat in Sachen 3D natürlich noch viele weitere tolle Möglichkeiten zur Verfügung. Diese zeigen wir Ihnen immer wieder im Verlauf des Buches und ganz detailliert im Abschnitt »So wird es 3D – die Zeichenfläche ist keine Scheibe« ab Seite 122.

Aufkleber – die gespeicherte Kreativität

Die Aufkleber in Paint 3D sind eine praktische Sache. Diese Objekte sind fertige Grafiken, die Sie einfach in Ihren Werken platzieren und dort verwenden können. Noch besser – auch Ihre eigenen Projekte können Sie als Aufkleber abspeichern und in diese Bibliothek laden. Wie das funktioniert, zeigen wir in Kapitel 7, »Eine individuelle Karte im Postkartenformat gestalten«. So haben Sie später Ihre tollsten Arbeiten immer griffbereit und können sie in beliebig viele andere Projekte per Klick einfügen – beispielsweise Ihr Logo oder Ihr Siegel. Die Aufkleber selbst verwenden Sie ganz so wie eingangs bei den 2D-Objekten beschrieben. Spannender wird es beim Thema **Texturen**, die sich ebenfalls in dieser rechten Spalte verstecken. Texturen sind Bilder mit Mustern. Und diese können auf 3D-Objekte angewendet werden. Das probieren wir kurz aus:

1. Sie erinnern sich an unseren pinkfarbenen 3D-Fisch? Den brauchen wir für diese Übung. Es tut aber auch jede andere 3D-Form. Wichtig ist, dass wir zunächst über das Symbol **3D-Formen** ein Objekt anlegen.

2. Gehen Sie nun in den Bereich **Aufkleber**, und klicken Sie dort auf die **Texturen** ❶. Wählen Sie eine der Texturen per Klick aus, und klicken Sie dann auf unser 3D-Objekt. Sofort wird das Bild auf dem Objekt platziert, aber – je nach zuvor gewählter Größe des 3D-Objekts – ggf. zu klein. Daher passen Sie die Größe über die Anfasser **❷** so an, dass das gesamte Objekt bedeckt wird.

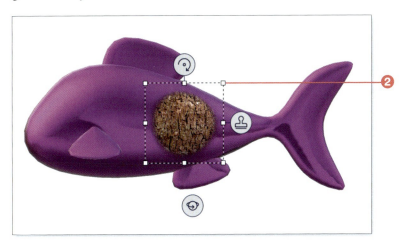

3. Damit die Glanzstruktur des 3D-Objekts gewahrt bleibt, müssen Sie dies zusätzlich auch in der Palette rechts definieren **❸**. Voilà, und fertig ist Ihr fotorealistisches 3D-Motiv.

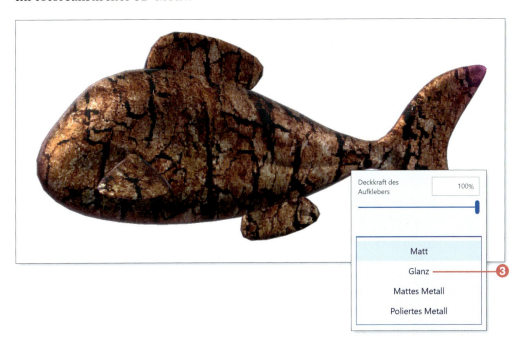

Kapitel 5

Text erstellen und gestalten

Die Textgestaltung steht mit der grafischen Gestaltung im unmittelbaren Zusammenhang. Eine Klappkarte zum Geburtstag oder ein Plakat ohne Text wäre wohl nicht viel wert, oder? Paint 3D bietet natürlich auch die Möglichkeit, Text einzugeben, und hat entsprechende Textformatierungsmöglichkeiten mit an Bord, deren Funktionsweise wir uns in diesem Kapitel ansehen werden. Allerdings müssen wir gleich vorweg eine Einschränkung machen und darauf hinweisen, dass wir mit Paint 3D nicht ganz auskommen werden. Dadurch, dass Paint 3D Textfelder sofort als Grafikeinstellung speichert, ist eine Änderung im Nachhinein nicht mehr möglich. Das bedeutet, dass der Anwender bereits im Vorhinein genau wissen sollte, wie der Text lauten bzw. wie er aussehen soll. Daher zeigen wir Ihnen auch, wie man mit dem Windows-Programm *Microsoft Word* Texte gestalten, anpassen und auch abändern kann. Dazu aber später mehr.

Das Textwerkzeug in Paint 3D

In Paint 3D können natürlich nicht nur Grafiken, sondern auch Texte erzeugt werden. Wie eingangs erwähnt, lässt der Komfort aber deutlich zu wünschen übrig. Für eine schnelle Überschrift ist das Programm aber trotzdem geeignet, und daher zeigen wir Ihnen die Besonderheiten des Textwerkzeugs in dieser App.

Die Texteingabe in Paint 3D aktivieren Sie über die Schaltfläche mit dem großen **T** in der Menüleiste.

Es öffnet sich im rechten Bereich ein Menü mit unterschiedlichen Einstellungs- und Formatierungsmöglichkeiten, die Seitenleiste.

❶ Hier wählen Sie aus, ob Ihr Text zwei- oder dreidimensional dargestellt werden soll.

❷ In diesem Bereich stellen Sie die Schriftart, die Schriftgröße sowie die Schriftfarbe ein.

❸ Hier haben Sie die Möglichkeit, Ihren Text fett, kursiv oder unterstrichen zu formatieren.

❹ Mit diesen Schaltflächen wählen Sie die gewünschte Position Ihres Textes – linksbündig, zentriert, rechtsbündig.

❺ Wenn Sie das Kästchen links von **Hintergrundfüllung** per Klick aktivieren, erscheint rechts daneben ein farbiges Quadrat ❻. Klicken Sie darauf, steht Ihnen eine Auswahl an Farben zur Verfügung, die Sie als Hintergrund für Ihren Text wählen können.

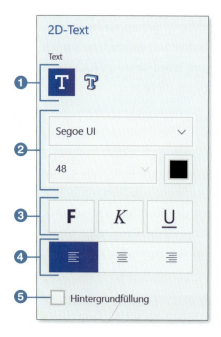

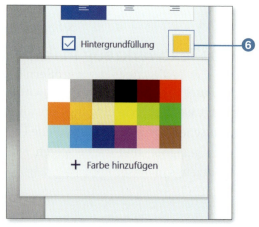

Einen 2D-Text in Paint 3D eingeben und formatieren

Nach dieser kleinen theoretischen Einführung machen wir uns nun ans Werk und probieren das Text-Tool von Paint 3D aus. Zunächst gestalten wir einen Text im 2D-Format:

1. Öffnen Sie in Paint 3D über die Schaltfläche **Neu** ein neues Dokument, und klicken Sie zunächst auf **T** ❶ in der Menüleiste. Sobald Sie auf die weiße Zeichenfläche Ihres Dokuments klicken, erscheint ein Rechteck, das sog. *Textfeld*.

2. Um das aktuell noch leere Textfeld zu verschieben, bringen Sie die Maus auf eine Position innerhalb des Feldes bzw. auf den gestrichelten Rahmen, bis ein Kreuz mit Pfeilen zu sehen ist ❷.

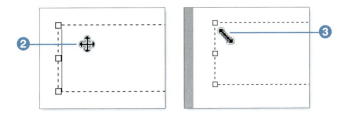

3. Verschieben Sie das Textfeld nun mit gedrückter Maustaste an die gewünschte Stelle.

4. Um das Textfeld zu vergrößern bzw. zu verkleinern, zeigen Sie mit der Maus auf eines der kleinen Quadrate, die Sie an den Ecken bzw. jeweils in der Mitte des Textfeldrahmens finden. Nun ist ein Doppelpfeil ❸ zu sehen, und Sie können, wiederum mit gedrückter Maustaste, die Größe des Textfeldes verändern, mit den Quadraten in der Mitte entweder in der Breite oder in der Höhe, mit den Eckquadraten zugleich Breite und Höhe.

5. Mit dem halbkreisförmigen Pfeil drehen Sie das Textfeld im oder auch entgegen dem Uhrzeigersinn um die eigene Achse.

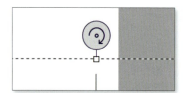

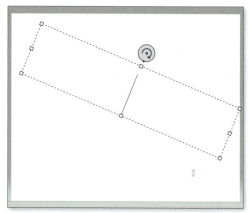

6. Nachdem Sie das Textfeld nach Wunsch platziert haben, geben Sie nun einfach über die Tastatur Ihren Text ein – der Cursor, die Texteinfügemarke, ist dort bereits aktiv. Wir haben uns für den Vornamen von einem der beiden Autoren entschieden.

7. Nun können wir mit der Formatierung beginnen. Denn die vorgegebene Schriftart **Segoe UI** gefällt uns in diesem Fall nicht. Dazu markieren Sie zunächst Ihren Text. Entweder, indem Sie vom Textende her mit gedrückter linker Maustaste darüberfahren, oder (bei gedrehtem Textfeld) durch einen Doppelklick.

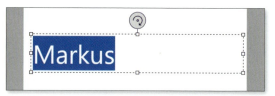

8. Im rechten Bereich klicken Sie auf den kleinen Pfeil ❹ neben dem Schriftartnamen und suchen sich in der Liste eine schönere Schriftart aus. Wir entscheiden uns für **Bauhaus 93** und wählen sie mit der Maus bzw. auf einem Touchdisplay per Fingertipp aus.

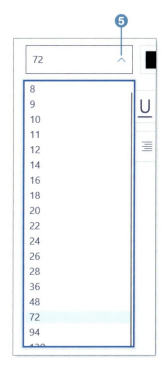

9. Als Nächstes ändern wir die Schriftgröße: Klicken Sie dazu auf den Pfeil neben der Schriftgröße **5**. Wir haben uns hier im Ausklappfeld für **72** entschieden. Im Unterschied zum klassischen Textverarbeitungsprogramm Microsoft Word ist eine direkte Eingabe der Schriftgröße nicht möglich. Sie sind also auf die vorgegebenen Schriftgrößen angewiesen.

10. Jetzt ändern wir die Schriftfarbe. Vorgegeben ist Schwarz. Klicken Sie dazu auf das Feld **6** rechts neben der Schriftgröße, und wählen Sie die gewünschte Farbe aus. Sollte Ihnen keine der angezeigten Farben zusagen, können Sie über einen Klick auf **+ Farbe hinzufügen 7** die Farbauswahl erweitern.

11. Im neu geöffneten Dialogfenster wählen Sie durch Hineinklicken in das große Farbfeld **8** bzw. in die Farbleiste darunter **9** Ihren Farbton aus, der Ihnen im kleinen Quadrat **10** angezeigt wird. Sie können sich auch über eine Eingabe von Werten in den entsprechenden Feldern **11** einen Farbton individuell zusammenmischen.

Im sog. *RGB-Farbraum* (RGB steht für die Anteile Rot, Grün und Blau) mischen Sie mit dem Wert 0 in allen Feldern die Farbe Schwarz und mit dem Wert 255 Weiß. Probieren Sie einfach verschiedene dazwischen liegende Kombinationen aus, bis Sie Ihre Wunschfarbe gefunden haben, und bestätigen Sie sie mit einem Klick auf **OK 12**. Wir haben uns hier einfach für das Standard-Gelb entschieden. Nun erscheint Ihr Text in der ausgesuchten Farbe. Das allerdings sehen Sie noch nicht, solange die Markierung noch nicht aufgehoben ist. Bitte nun noch nicht neben das Textfeld klicken – das würde die Markierung, aber, wie gesagt, auch die weitere Bearbeitungsmöglichkeit aufheben!

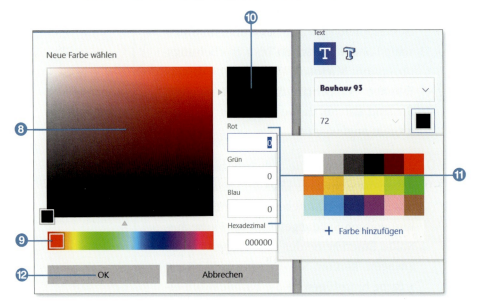

12. Weiter geht es nun nämlich mit den klassischen Formatierungsoptionen Fett, Kursiv und Unterstrichen. Wir entscheiden uns für Fett und Kursiv und klicken deshalb die beiden Felder hintereinander an. Dass diese aktiviert sind, verrät die blaue Unterlegung.

13. Zum Schluss wählen wir noch die Textausrichtung. Linksbündige, zentrierte und rechtsbündige Textausrichtung werden angeboten. Wir entscheiden uns für zentriert und klicken auf das entsprechende Symbol. Wundern Sie sich nicht – die Textausrichtung bezieht sich in Paint 3D auf die Ausrichtung innerhalb des aufgezogenen Textrahmens und nicht auf die gesamte Seite, wie Sie es vielleicht aus Word kennen.

Damit haben wir den gewünschten Text formatiert und die wichtigsten Möglichkeiten der 2D-Textverarbeitung in Paint 3D kennengelernt.

ACHTUNG

Text wird nach Bestätigung fest fixiert!

Klicken Sie nun außerhalb des Textfeldes auf den weißen Untergrund, ist der Text fertig gesetzt und kann nicht mehr korrigiert oder formatiert werden. Auch die Veränderung der Textposition ist nicht mehr möglich. Wollen Sie Änderungen vornehmen, müssen Sie leider von vorne beginnen und komplett neu gestalten.

Einen 3D-Text in Paint 3D eingeben und formatieren

Um einen Text im 3D-Format einzugeben, gehen Sie genauso wie im vorigen Abschnitt beschrieben vor. Klicken Sie diesmal aber in der Seitenleiste zunächst auf das dreidimensionale Symbol für Text.

Sobald Sie sich sicher sind, dass Text und Formatierung passen, klicken Sie außerhalb des Textfeldes und »setzen« damit Ihren Text bzw. die fertige Grafik, also das Bild Ihres Textes. Zur Wiederholung, weil es für Ihre reibungslose Arbeit in Paint 3D so grundlegend ist: Wenn Sie diesen Schritt vollziehen, ist eine Änderung sowohl des Textinhaltes als auch seiner Formatierung nicht mehr möglich. Ihre Textgrafik ist nun aber immerhin ein eigenständiges, anpassbares Objekt.

TIPP

3D-Text bleibt veränderbar

Im Gegensatz zum 2D-Text wird der 3D-Text als frei verschiebbares Objekt erstellt und kann nachträglich noch verschoben und skaliert, d. h. in der Größe verändert werden. Textänderungen funktionieren hier im Nachhinein aber auch nicht.

Sie erkennen das an den vier unterschiedlichen Kreissymbolen, die um das fertige Bild herum erscheinen.

■ Mit diesem Symbol drehen Sie das Objekt in vertikaler Richtung um die eigene Achse (ganz wie im Hähnchengrill).

■ Mit diesem Symbol drehen Sie das Objekt in horizontaler Richtung um sich selbst – wie in einem Karussell.

- Mit diesem Symbol drehen Sie den Schriftzug wie beim 2D-Text im Kreis im oder entgegen dem Uhrzeigersinn.

- Dieses Symbol ermöglicht Ihnen schließlich noch, den dreidimensionalen Schriftzug gewissermaßen im Raum zu platzieren, also nach vorne und hinten zu bewegen und somit vor oder hinter einem weiteren Objekt zu positionieren.

Anhand der kleinen grauen Kreise, die bei allen vier Positionierungswerkzeugen erscheinen, sobald Sie damit arbeiten, sehen Sie, wo sich das Objekt gerade befindet. Wie Paint 3D mit Ebenen arbeitet, erfahren Sie nun im Folgenden.

Jetzt geht es rund, denn den Schriftzug, den wir mit einem Klick außerhalb des Textfeldes auf der Zeichenfläche fixieren, wollen wir nun vor einem 3D-Objekt positionieren.

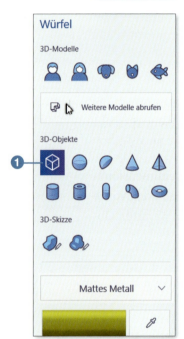

1. Klicken Sie dazu zunächst in der Menüleiste auf die Schaltfläche **3D-Formen**. Wir entscheiden uns dafür, einen Würfel anzulegen, und klicken auf das entsprechende Symbol unter **3D-Objekte** in der rechten Seitenleiste ❶.

2. Nun klicken wir auf die Zeichenfläche, um den Würfel neben unserem 3D-Schriftzug zu positionieren.

3. Die Farbe des Würfels bzw. Ihres Objekts können Sie nach Ihren Vorstellungen anpassen. Dazu klicken Sie links in der Bearbeitungsleiste unterhalb der Menüleiste auf **Auswählen** und im rechten Bereich auf das Feld **Farbe bearbeiten** ❷. Wählen Sie hier die gewünschte Farbe aus, oder erweitern Sie die Auswahl mit einem Klick auf **+ Farbe hinzufügen** ❸.

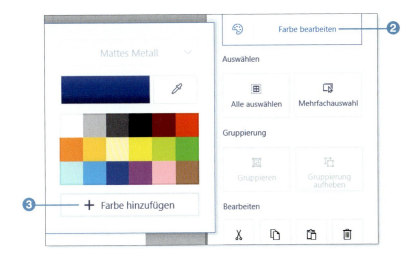

4. Fahren Sie nun mit der Maus auf eines der kleinen Quadrate im Rahmen um Ihren Würfel, bis ein Doppelpfeil ❹ erscheint, und ziehen Sie damit den Würfel in die gewünschte Größe. Bitte beachten Sie bei Objektänderungen in 3D, dass der Button **Auswählen** aktiviert sein muss und dass Sie das Objekt, das Sie bearbeiten wollen, zuvor angeklickt haben.

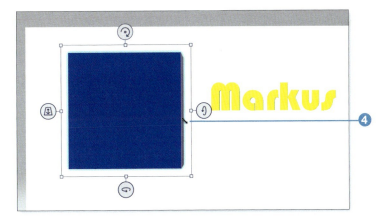

5. Um Würfel und Schriftzug miteinander zu vereinen, klicken Sie nun den Schriftzug an. Es erscheint der gestrichelte Rahmen mit den vier Kreissymbolen. Das bedeutet, dass Sie das Objekt nun mit gedrückter Maustaste auf den Würfel ziehen können – und das machen wir jetzt auch.

6. Am Verblassen der (gelben) Farbe erkennen Sie, dass der Schriftzug sozusagen im Würfel verschwindet. Klicken Sie nun auf das Verschieben-Symbol auf der linken Seite des Schriftzuges **5**, und ziehen Sie ihn so weit zu sich, dass die Schrift wieder vollständig farbig (in unserem Fall gelb) erscheint.

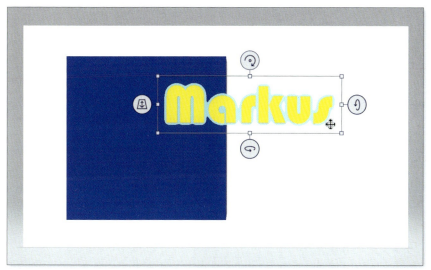

7. Damit ist der Text erfolgreich und dreidimensional vor dem Objekt positioniert. Um die Position der einzelnen Elemente nochmals zu überprüfen, klicken Sie einfach auf **Ansicht wechseln** (**6** auf Seite 106) in der Menüleiste.

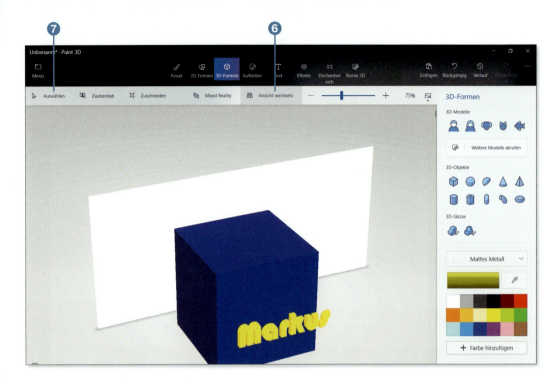

8. Um beide Elemente gemeinsam zu drehen, klicken Sie zunächst auf **Auswählen** ➐, markieren die Objekte mit einem Klick und wählen dann in der Seitenleiste rechts die Schaltfläche **Alle auswählen**. Bringen Sie nun mit den Kreissymbolen Ihr Objekt in die passende Richtung (siehe auch die Erklärungen zu Beginn dieses Abschnitts).

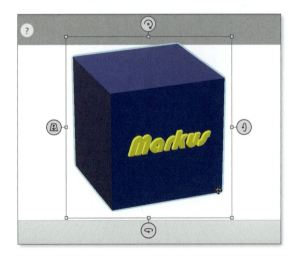

Wenn Sie mit dem Ergebnis zufrieden sind, können Sie über **Menü** und **Speichern unter** Ihr Projekt nun in Paint 3D abspeichern, wie wir es im Abschnitt »Das erste Dokument anlegen und speichern« ab Seite 75 gezeigt haben. Damit es Ihnen aber auch als eigene Datei bzw. Grafik außerhalb der App zur Verfügung steht, die Sie zur weiteren Bearbeitung in ein anderes Programm importieren können, müssen Sie es zusätzlich als Grafik abspeichern, so wie wir es Ihnen im Abschnitt »Das Projekt in Word importieren und weiterbearbeiten« ab Seite 138 zeigen.

Text erstellen und gestalten in Word – ein kurzer Einblick

Vor allem die 3D-Funktion in Paint ist natürlich beeindruckend, und Ihrer Fantasie sind hier keine Grenzen gesetzt. Der große Nachteil allerdings ist eben, dass Sie Ihren Text im Nachhinein nicht mehr ändern können und sich somit im Vorhinein auf eine Gestaltung festlegen müssen. Ansonsten müssten Sie im Fall des Falles die gesamte Beschriftung erneut anlegen. Auch für längere Texte ist Paint 3D nicht der perfekte Partner. Daher zeigen wir Ihnen hier als Alternative, wie Sie mit Microsoft *Word*, das zwar keine 3D-Funktion bereithält, Beschriftungen und Textfelder ganz nach Belieben anlegen und natürlich auch abändern können. Auf diese Weise können Sie Ihre in Paint 3D erstellten kreativen Grafiken später in Word fertigstellen, so wie wir es in den Beispielprojekten u. a. ab Seite 138 zeigen.

Microsoft Word ist auf vielen Windows-Computern bereits installiert oder kann im Software-Paket zusammen mit weiteren gängigen Office-Programmen (Excel, PowerPoint und OneNote) für rund 100 € bis 150 € im Microsoft Store erworben werden (manchmal gibt es für die sog. Home-Edition auch günstigere Aktionspreise). Dabei spielt es keine Rolle, welche Version Sie verwenden, da die hier gezeigte Vorgehensweise auch mit älteren Word-Versionen nachvollziehbar ist. Vor allem etwas ältere Versionen sind häufig zum Schnäppchenpreis erhältlich. Aus Gründen der Sicherheit empfiehlt es sich aber, eine Version zu nutzen, die nicht älter als 2010 ist, damit diese von Microsoft noch über einen längeren Zeitraum mit den nötigen Sicherheitsupdates versorgt wird.

Zudem haben Sie die Möglichkeit, Word als kostenlose Online-App zu verwenden. Diese ist dann allerdings nicht direkt auf Ihrem Computer, sondern nur im Internet verfügbar (Infos unter *https://products.office.com/de-de/office-online/documents-spreadsheets-presentations-office-online*).

Starten Sie zunächst Microsoft Word auf Ihrem Rechner, und lassen Sie uns hier bereits, bevor wir dann im Abschnitt »Das Projekt in Word importieren und weiterbearbeiten« ab Seite 138 damit zum ersten Mal Texte erstellen, mit einigen kleinen Voreinstellungen beginnen. Für die grafische Arbeit ist es unerlässlich, dass man das Zeilenlineal aktiviert hat. Klicken Sie dazu auf den Reiter **Ansicht ❶**, und versehen Sie das Kästchen vor **Lineal ❷** mit einem Häkchen.

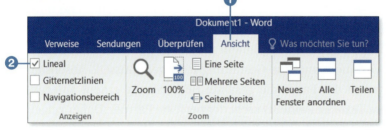

Ebenso ist es ratsam, im Vorhinein einzustellen, ob Sie im Hoch- oder Querformat arbeiten möchten. Voreingestellt ist immer das Hochformat. Um es auf das Querformat umzustellen, klicken Sie auf den Reiter **Layout ❸** und anschließend auf **Ausrichtung ❹**. Mit einem abschließenden Klick auf **Querformat ❺** ist Ihr gewünschtes Format eingerichtet.

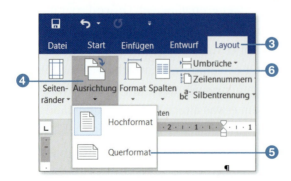

Im Bereich **Seite einrichten** unter der Schaltfläche **Spalten** ❻ finden Sie z. B. auch die Möglichkeit, das Layout für eine Klappkarte einzurichten. Das erklären wir Ihnen in Kapitel 8, »Gleich doppelt gut – Klappkarten für besondere Anlässe«, ausführlich. Im folgenden Abschnitt zeigen wir Ihnen nun noch vorab, wie Sie Ihre in Paint 3D erstellten Bilder in Word importieren. Lassen Sie also das Programm ruhig noch geöffnet.

Bilder importieren und beschriften mit WordArt

Wie Sie in Paint 3D erstellte Grafiken als Bild speichern, zeigen wir Ihnen noch detailliert im Abschnitt »Das Projekt in Word importieren und weiterbearbeiten« ab Seite 138. Um nun die auf diese Weise gespeicherten Bilder oder auch schon auf Ihrem Computer gespeicherte Fotos in Word zu importieren, gehen Sie wie folgt vor:

1. Öffnen Sie, sofern noch nicht geschehen, das Programm Microsoft Word auf Ihrem Computer (siehe auch den vorigen Abschnitt), und klicken Sie auf den Reiter **Einfügen** ❶ und anschließend auf **Bilder** ❷.

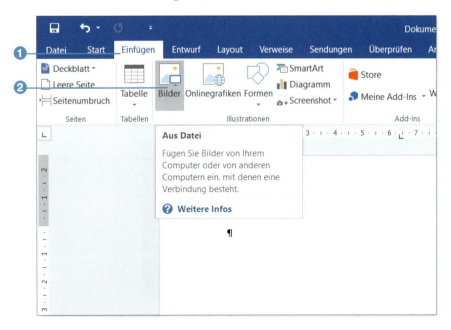

2. Sie gelangen nun in Ihren *Bilder*-Ordner und können Ihr gewünschtes Bild für den Import in Word auswählen. Klicken Sie auf das gewünschte Bild und anschließend auf **Einfügen** ❸.

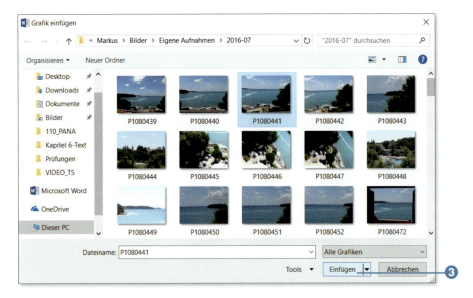

3. Sofort erscheint Ihr Bild in Ihrem Word-Dokument. Ähnlich wie in Paint 3D finden Sie hier die Positionspunkte rund um das Bild ❹ und ein Symbol zum Drehen ❺ des Bildes.

4. Um das Bild frei verschieben zu können, klicken Sie unter dem Reiter
Format ❻ auf die Schaltfläche **Textumbruch** ❼. Im sich öffnenden Auswahlmenü wählen Sie **Hinter den Text** ❽. Dank dieser zugegeben etwas
verklausulierten Angabe ist nun jedenfalls gewährleistet, dass das Bild
mit der linken Maustaste frei auf der Seite verschoben und positioniert
werden kann.

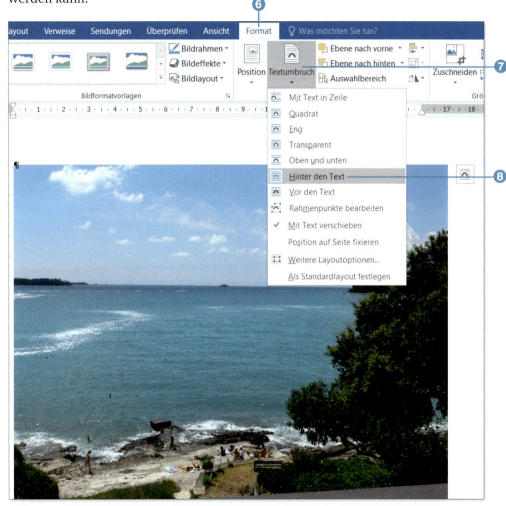

5. Nun fügen wir dem Bild eine Überschrift hinzu. Klicken Sie dazu unter
dem Reiter **Einfügen** ❾ auf die Symbolschaltfläche für **WordArt** ❿. Wählen Sie die gewünschte Darstellungsform ⓫ aus, und klicken Sie sie an.

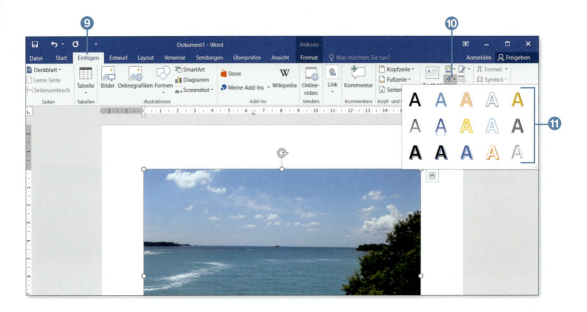

6. In Ihrem Bild erscheint ein transparentes Textfeld mit einem bereits vor-gefertigten Beispieltext. Fahren Sie mit der Maus auf den Textrahmen, bis ein Kreuz mit Pfeilen erscheint. Ziehen Sie dann das Textfeld mit gedrückter Maustaste an die gewünschte Position.

7. Klicken Sie dann in das Textfeld hinein, markieren Sie den vorgegebe-nen Text, und überschreiben Sie ihn mit Ihrem eigenen Text.

8. Um den Text zu formatieren, markieren Sie ihn erneut mit der Maus. Sobald Sie die Maus loslassen, wird die sog. *Minisymbolleiste* ⓬ eingeblendet. Damit können Sie die Schriftart, Textgröße, Textfarbe sowie die Farbe des Texthintergrundes festlegen. Sollte die Minisymbolleiste gleich wieder verschwinden, weil Sie nicht schnell genug mit der Maus darauf gezeigt haben, finden Sie die Formatierungsmöglichkeiten alle natürlich auch noch einmal in der großen Menüleiste unter dem Register **Start**. Oder Sie markieren Ihren Text noch einmal – auch dann erscheint die kleine Symbolleiste erneut. Um nun beispielsweise den Kontrast zum blauen Himmel etwas zu verstärken, wählen wir in unserem Beispiel als Textfarbe ein dunkleres Blau und erhöhen den Schriftgrad auf **72**.

Somit ist die Beschriftung des Bildes geglückt und lässt sich auch noch frei verschieben. Im Unterschied zu Paint 3D können Sie den Text in WordArt aber jederzeit nachträglich noch ändern.

Kapitel 6
Paint 3D – Malen und Zeichnen in anderer Dimension

Mit der App *Paint 3D*, die Sie in den beiden vorausgehenden Kapiteln schon ein wenig näher kennengelernt haben, hat Microsoft in Windows 10 eine Software am Start, die schier Unglaubliches verspricht: die Kreation von 3D-Objekten, Bibliotheken mit vielen fertigen Modellen, eine einfach zu bedienende Arbeitsoberfläche, Malwerkzeuge und vieles mehr. Tatsächlich kann diese App ein Vielfaches mehr als der in die Jahre gekommene Vorgänger *Paint*.

Wie kommt der Hund hinter die Leinwand? Und warum ist er eigentlich pink? Lassen Sie uns gemeinsam Paint 3D entdecken.

In unserem Buch verwenden wir Paint 3D als Ausgangsbasis für die grafische Gestaltung. Sie werden sehen, in Verbindung mit der Fotos-App ist das ein wirklich gutes Team. Doch auch das nigelnagelneue Paint 3D kann (noch) nicht alles, daher greifen wir im Buch für die Textgestaltung immer mal wieder auf das Office-Programm Microsoft Word zurück, wie am Ende des vorigen Kapitels bereits an einem kleinen Beispiel gezeigt. In diesem Kapitel wollen wir Ihnen noch einmal kurz und knapp zeigen, was man als Einsteiger in Paint 3D so alles wissen sollte. Damit sind Sie dann bestens gerüstet, um in den folgenden Kapiteln grafische Projekte zu realisieren.

Paint 3D starten

Paint 3D ist bei Windows 10 bereits vorinstalliert und steckt damit, wie alle anderen Apps, im Startmenü. Wenn Sie auf den Windows-Button ❶ in der Taskleiste klicken oder – auf einem Tablet z. B. – tippen oder diesen auf Ihrer

Tastatur drücken, finden Sie Paint in der alphabetisch sortierten App-Liste im Startmenü unter P ❷. Sie können in das Cortana-Suchfeld ❸ alternativ auch »Paint« eintippen – das spart das Scrollen bis zum Buchstaben P. Per einfachem Klick mit der linken Maustaste oder einem Fingertipp auf das App-Symbol wird Paint 3D dann umgehend gestartet.

Das Startmenü in Windows 10 hält die App Paint 3D bereit.

ACHTUNG

Ich finde Paint 3D auf meinem Computer nicht

Wenn Sie Paint 3D im Startmenü und auch über die Cortana-Suche in der Taskleiste nicht finden, haben Sie wahrscheinlich nicht die aktuellste Windows-10-Version, denn es ist erst im Frühjahr 2017 dort neu integriert und dann im Herbst 2017 mit weiteren Funktionen ausgestattet worden. Prüfen Sie über die **Einstellungen** (das Zahnradsymbol im Windows-Startmenü) und den Punkt **Updates & Sicherheit**, ob hier nicht schon längst ein Update auf die Installation wartet. Jeder Windows-10-Besitzer erhält dieses Update kostenlos. Voraussetzung ist dabei natürlich eine Internetverbindung.

Paint 3D als Kachel oder in der Taskleiste ablegen

Wir gehen davon aus, dass Sie Paint 3D bald nicht mehr missen wollen. Um das Suchen im Startmenü zu umgehen, gibt es zwei praktische Möglichkeiten, die App immer griffbereit zu haben:

1. Ablegen in der Taskleiste
2. Ablegen im Kachelbereich des Startmenüs

INFO

App wird nicht gelöscht

Wenn Sie das Programmsymbol von Paint 3D in die Taskleiste ablegen oder als Kachel im Startmenü anlegen und dort dann wieder entfernen, dann löschen Sie nur die Verknüpfung, also den »Weg« zum Programm, und nicht die App selbst. Sie können daher gefahrlos alles ausprobieren und auch wieder rückgängig machen.

So gehen Sie vor, wenn Sie Paint 3D künftig in der Taskleiste per Klick starten wollen:

1. Öffnen Sie das Startmenü mit einem Klick auf das Windows-Symbol. Scrollen Sie in der alphabetischen App-Liste bis zum Buchstaben **P**.

2. Mit gedrückter linker Maustaste oder mit gedrücktem Finger bringen Sie nun das App-Symbol ➊ an die gewünschte Position in der Taskleiste ➋, bis beim Symbol die Bezeichnung **Link** erscheint. Lassen Sie dann die Maustaste los, oder heben Sie den Finger an.

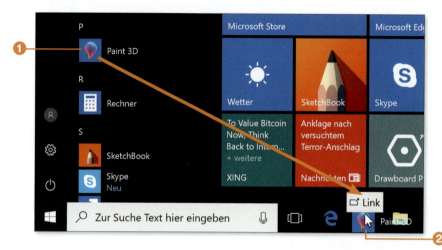

3. Das Symbol ist nun in der Taskleiste integriert, und das Programm kann künftig per Klick von dort, ganz ohne dass das Startmenü geöffnet werden müsste, gestartet werden.

4. Wollen Sie Paint 3D wieder aus der Taskleiste entfernen, genügt ein rechter Mausklick oder ein längerer Fingertipp auf das Symbol ➌. Im erscheinenden Kontextmenü wählen Sie **Von Taskleiste lösen** ➍ aus, und schon ist Paint 3D dort nicht mehr sichtbar.

Die zweite Möglichkeit, sich schnellen Zugriff zu Paint 3D zu verschaffen, geht über die großen Kacheln im Startmenü von Windows. Und so bringen Sie Paint 3D dorthin:

1. Öffnen Sie das Startmenü mit einem Klick auf das Windows-Symbol. Scrollen Sie in der alphabetischen App-Liste bis zum Buchstaben **P**.

2. Ziehen Sie nun das Paint-Symbol an einen Platz in den Kachelbereich rechts. Wir haben uns für den Leerraum rechts unten entschieden, Sie können aber jeden beliebigen Platz wählen, bereits vorhandene Kacheln machen den Weg frei.

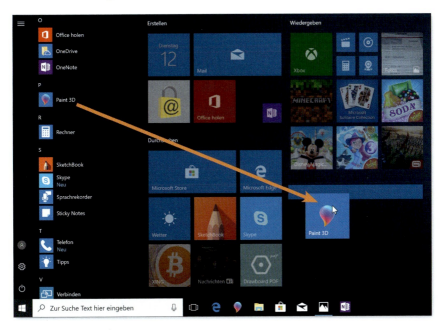

3. Lassen Sie am Zielort die Maustaste los, bzw. heben Sie den Finger an, und schon ist die Kachel platziert. Sie können die Position der Kachel jederzeit durch erneutes Auswählen bzw. Berühren ändern. Ansonsten steht Paint 3D nun hier zum schnellen Start bereit.

Alternativ: Öffnen Sie mit einem rechten Mausklick auf Paint 3D in der App-Liste links ein Kontextmenü, und wählen Sie hier **An „Start" anheften** aus. Windows erstellt dann ebenfalls eine Kachel im rechten Bereich des Startmenüs und sieht dafür ein Plätzchen vor, das Sie nachträglich durch Verschieben der Kachel ändern können.

4. Die Größe der Kachel ändern Sie mit einem rechten Mausklick auf die Kachel. Wählen Sie im Menü **Größe ändern** (❶ auf Seite 120) und dann eine der aufgelisteten Größen ❷ aus. Tablet-Anwender müssen es hier ein wenig anders machen: Den Finger etwas länger auf dem Programmsymbol gedrückt halten, auf die Schaltfläche mit den drei Punkten ⬤ tippen, und dann erscheint auch hier das unten gezeigte Menü.

5. Möchten Sie Paint 3D aus der Kachelanordnung wieder entfernen, aktivieren Sie das Kontextmenü wie in Schritt 4 gezeigt und wählen nun Von „Start" lösen ❸.

Ansichtssache – Arbeitsfläche einrichten

Doch schauen wir uns nun Paint 3D noch einmal ein wenig genauer an. Tatsächlich hält das Programm einige Hindernisse parat, die wir nun aber geschwind aus dem Weg räumen. Starten Sie Paint 3D auf einem der vorhin beschriebenen Wege. Klicken Sie im Willkommensbildschirm einfach auf den **Neu**-Button.

So schaut er aus, der Willkommensbildschirm in Paint 3D.

Sie sehen nun eine leere Zeichenfläche. In der Menüleiste darüber finden Sie Ihre wichtigsten Grafikwerkzeuge, die Sie in den folgenden Projektkapiteln bei der praktischen Anwendung nach und nach kennenlernen werden. Auch die Seitenleiste rechts von der Zeichenfläche enthält viele nützliche Tools für Ihre Arbeit. Je nach in der Menüleiste ausgewähltem Werkzeug finden Sie hier unterschiedliche Einstellungsmöglichkeiten und Funktionen vor. Die rechts abgebildete Seitenleiste zeigt die Auswahl zum Werkzeug **Pinsel**, wobei hier gleich nach dem Öffnen der **Textmarker** ❶ als eine der Pinsel-Varianten vorausgewählt ist. Diese Palette mit Hilfsmitteln und Optionen ist am Desktop-Computer bereits ausgeklappt, am Tablet oder auf kleineren Bildschirmen sind hier in der Kompaktansicht nur Symbole zu sehen ❷, die Sie per Klick auf den kleinen Pfeil ❸ bzw. die Symbolschaltfläche ausklappen und somit ihren Inhalt preisgeben.

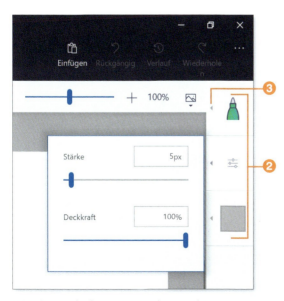

Die eingeschaltete Kompaktansicht ist bei Tablets Standard.

Die gesamte Palette bei ausgeschalteter Kompaktansicht

Diese Ansicht kann problemlos nach Ihren Wünschen geändert werden, egal, ob Sie am Notebook, Desktop-PC oder Tablet arbeiten:

1. Klicken Sie auf das Ordnersymbol ❶ links oben, um das **Menü** von Paint 3D anzuzeigen.

2. Unten im Menü finden Sie den Eintrag **Einstellungen** ❷, den Sie auch direkt anklicken.

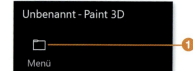

3. Im rechten Bereich werden nun gleich ganz oben die Einstellungen zur Kompaktansicht angezeigt. Mit dem Schieberegler ❸ schalten Sie sie ein oder aus.

4. Um dieses Menü wieder zu verlassen und zum Arbeitsbereich zu gelangen, klicken Sie auf den Pfeil ganz links oben, die soeben getätigte Einstellung müssen Sie nicht mehr separat bestätigen.

So wird es 3D – die Zeichenfläche ist keine Scheibe

Haben Sie die vorigen Abschnitte bis hierhin nachvollzogen, sehen Sie nun wieder die leere Zeichenfläche. Sie erinnert an das noch unbeschriebene Dokument einer Textverarbeitung, doch tatsächlich handelt es sich bei dieser Fläche um eine dreidimensionale Leinwand. Zum Verständnis machen wir daher im Folgenden eine kleine Trockenübung – die dabei auf die Schnelle verwendeten Werkzeuge erklären wir, wie gesagt, in den folgenden Kapiteln ausführlicher, hier geht es nur darum, einen Eindruck von der Dreidimensionalität in Paint 3D zu gewinnen.

1. Wir gehen also davon aus, dass Sie Paint 3D noch geöffnet und eine leere Zeichenfläche vor sich haben. Ansonsten starten Sie die App geschwind über das Startmenü und klicken im Willkommensbildschirm auf **Neu**.

2. Jetzt klicken Sie einfach auf die Schaltfläche **Ansicht wechseln**, die sich in der Leiste direkt unterhalb der Menüleiste befindet. Sie sehen, dass die Zeichenfläche plötzlich dreidimensional im Raum steht.

3. Mit gedrückter linker Maustaste und Bewegungen nach links, rechts, oben und unten lässt sich die Zeichenfläche dreidimensional bewegen. Mit dem Trackpad am Notebook klappt das ebenfalls. Am Tablet geht es folgendermaßen: einfach die Zeichenfläche mit gedrücktem Finger hin und her bewegen.

4. Mit einem erneuten Klick auf die Schaltfläche **Ansicht wechseln** landen Sie wieder in der zweidimensionalen Ansicht.

So, das war schon die wichtigste Erkenntnis in Paint 3D. Und nun eine kleine Praxisübung mit einigen grafischen Elementen:

1. In der zweidimensionalen Ansicht klicken Sie in der Menüleiste oben auf das Pinselsymbol **❶**. Rechts klicken Sie auf ein Malwerkzeug Ihrer Wahl **❷** und malen mit gedrückter Maustaste einfach ein paar Striche auf die Zeichenfläche **❸**. Form und Farbe sind vorerst völlig egal.

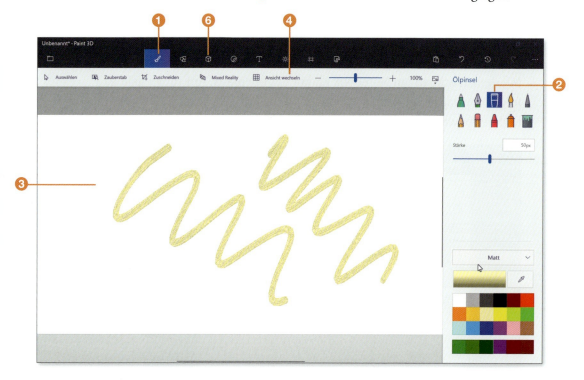

2. Klicken Sie nun wieder auf **Ansicht wechseln** **❹**, wie vorhin gezeigt, und drehen Sie die Zeichenfläche hin und her. Sie sehen, dass Sie direkt auf die weiße »Leinwand« gemalt haben **❺**.

3. Wechseln Sie die Ansicht wieder zurück. Klicken Sie im Menü nun auf das Symbol für die **3D-Formen** 🔲 **❻**, klicken Sie rechts eines der Objekte mit einem einfachen Klick an, und klicken Sie schließlich einmal auf die Zeichenfläche. Damit ist das Objekt platziert; wir haben uns für die Katze entschieden. Mit den Anfassern außen **❼** können Sie sie noch ein wenig vergrößern.

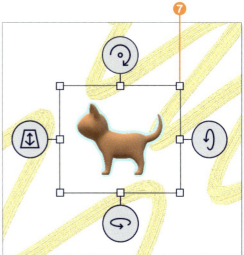

4. Jetzt wird es verrückt – klicken Sie wieder auf **Ansicht wechseln**, ist die Katze wirklich dreidimensional vor der Leinwand platziert. Drehen Sie wieder mit gedrückter Maustaste oder mit gedrücktem Finger die Zeichenfläche hin und her, um zu sehen, wie sich die Perspektive verändert.

5. Jetzt gehen Sie wieder zurück in die 2D-Ansicht. Markieren Sie mit einem Klick Ihr 3D-Objekt. Die vier Regler sind dazu da, es im freien Raum zu drehen und zu verschieben. Im Detail haben wir Ihnen das schon im Abschnitt »Einen 3D-Text in Paint 3D eingeben und formatieren« ab

Seite 99 gezeigt. Noch einmal zum Ausprobieren und Üben: Nutzen Sie den linken Button **8**, halten Sie die Maustaste darauf gedrückt, und ziehen Sie die Schaltfläche vor und zurück. Die Ansicht wechselt, und Sie verschieben dabei das Objekt im Raum. Sehr irritierend ist, dass Sie Ihr Objekt auch hinter die Leinwand schieben können.

INFO

Immer nur von vorne: die 2D-Ansicht

Ganz wichtig: In der zweidimensionalen Ansicht sehen Sie immer die Vorderseite Ihrer Leinwand. Was Hund, Katze und Maus dahinter anstellen, ist nur in der dreidimensionalen Ansicht ersichtlich. Markieren können Sie Objekte aber nur in der »platten« Ansicht. Sie müssen tatsächlich blind mit dem Auswahlwerkzeug klicken, um Objekte hinter der Leinwand zu erfassen.

An dieser Stelle können Sie Paint 3D nun mit einem Klick auf das Kreuz rechts oben beenden. Bei der Frage, ob Sie Ihre Arbeit speichern wollen, können Sie hier nun einfach auf **Nicht speichern** klicken.

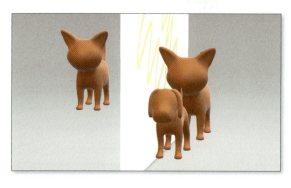

Verrückt – in Paint 3D können Sie auch »hinter« der Zeichenfläche gestalten.

INFO

Paint 3D – der grundlegende Unterschied zwischen 2D und 3D

In der App Paint 3D wird zwischen 2D- und 3D-Objekten unterschieden. 2D-Objekte wie Text oder Pinselstriche werden standardmäßig immer direkt auf der Zeichenfläche angewendet und sind dann darauf fest »eingebrannt«. Änderungen sind danach nicht mehr möglich. 3D-Objekte hingegen bleiben frei verschiebbar und können – zumindest weitgehend – weiterbearbeitet werden.

Anmeldung mit einem Microsoft-Konto

Um alle Funktionen in Paint 3D nutzen zu können, ist eine Anmeldung mit einem kostenlosen *Microsoft-Konto* notwendig. Der Zugriff auf alle 3D-Modelle im Bereich **Remix 3D** wird sonst nämlich verweigert.

Remix 3D hält professionelle 3D-Objekte parat – aber nur für Inhaber eines Microsoft-Kontos.

Um zu prüfen, ob Sie bereits angemeldet sind, klicken Sie auf die Schaltfläche **Menü** in der Menüleiste ganz links, um in das Menü von Paint 3D zu gelangen.

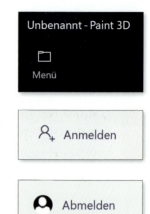

Ganz unten finden Sie entweder die Schaltfläche **Anmelden** – in diesem Fall haben Sie sich noch nicht mit Ihrem Microsoft-Konto angemeldet.

Oder es erscheint stattdessen die Schaltfläche **Abmelden**. Dann sind Sie schon mit Ihrem Microsoft-Konto in Paint 3D verbunden und müssen nichts weiter tun.

Ansonsten melden Sie sich mit einem Klick auf **Anmelden** an. Wenn Sie bereits ein Microsoft-Konto besitzen, genügt die Eingabe Ihrer E-Mail-Adresse ❶ und schließlich Ihres Kennworts. Ansonsten erstellen Sie über **Erstellen Sie ein Konto** ❷ mit wenigen Klicks ein neues Microsoft-Konto. Das ist völlig kostenlos und schnell erledigt.

Melden Sie sich mit Ihrem Microsoft-Konto an, erhalten Sie in Paint 3D Zugriff auf Tausende 3D-Objekte.

Nach getaner Anmeldung steht Ihnen die kreative Welt von Paint 3D offen – los geht es im nächsten Kapitel.

Kapitel 7

Eine individuelle Karte im Postkartenformat gestalten

Ob als Urlaubsgruß, Grußkarte an Ostern oder Weihnachten, Glückwunsch-
karte zum Geburtstag oder der Goldenen Hochzeit – eine schöne Postkarte ganz traditionell per Post zu versenden hat Stil und ist trotz moderner
Medien noch immer hoch im Kurs. Und ganz ehrlich: Wer freut sich nicht
über eine Karte mit persönlichen Wünschen? Wir gehen in unserer Gestal-
tungsschule hier natürlich noch einen Schritt weiter und gestalten das Kar-
tenmotiv selbst, um noch größere Freude zu verbreiten. Als Beispiel haben
wir einen fiktiven Sportverein genommen und kreieren dafür eine Einladungskarte. Denn auch das ist eine wunderbare Möglichkeit, um Freunde,
Familie und Bekannte auf ganz persönliche Art und Weise über besondere
Ereignisse ins Bild zu setzen.

*In diesem Workshop er-
stellen wir eine einfache
Postkarte, quasi zum
»Warmwerden« mit
Paint 3D und Word in
der Praxis.*

129

Wir überlassen es selbstverständlich Ihnen, mit dem Wissen aus diesem Kapitel Ihre zahllosen eigenen Ideen für die unterschiedlichsten Anlässe zu realisieren. Mit den erlernten Grundlagen und Prinzipien gelingen Ihre Postkarten garantiert.

Format anlegen und Grafiken einfügen

Industriell gefertigte Postkarten sind für gewöhnlich im DIN-A6-Format, d. h. mit 14,8 × 10,5 Zentimetern, erhältlich, und auch wir halten uns annähernd an dieses Format. Nur annähernd deshalb, weil es im Handel fast ausschließlich Fotopapier im Format 15 × 10 Zentimeter zu kaufen gibt. Dieses Format ist Ihnen sicherlich auch beim Bestellen von Fotoabzügen schon mal untergekommen. Nun aber ans Werk.

Die kleine Merkhilfe mit den richtigen Maßen für Ihr Postkartenprojekt

1. Starten Sie zunächst Paint 3D im Startmenü von Windows 10, und erstellen Sie über **Neu** ein neues Projekt.

2. Als Erstes legen wir die Größe des Zeichenbereichs an und klicken dafür auf die entsprechende Schaltfläche in der Menüleiste. **Zeichenbereich anzeigen** ❶ ist in der Seitenleiste nun bereits aktiviert.

Zeichenber eich

3. Nun geben Sie unter **Zeichenbereichgröße ändern** ❷ die entsprechenden *Pixelmaße* (Abkürzung für Pixel: *px*) ein, indem Sie die dort voreingestellten Pixelwerte markieren und überschreiben. Für eine Postkarte im Querformat 15 × 10 Zentimeter sind das exakt **1772px × 1181px** ❸. Wichtig: Um diese Maße eingeben zu können, müssen Sie zunächst auf die Symbol-Schaltfläche für **Seitenverhältnis des Zeichenbereichs fixieren** bzw. **Fixierung aufheben** ❹ klicken, sodass sich das Schloss öffnet. Andernfalls ändert Paint 3D eigenmächtig den ersten eingegebenen Wert wieder. Denn Paint 3D geht mit geschlossenem Schloss davon aus, dass das Seitenverhältnis bei einer Änderung beibehalten werden soll. Anschließend können Sie das Schloss wieder mit einem Klick auf das Symbol schließen, um Ihre Angaben zu fixieren. Im Feld darunter sollte in jedem Fall **Pixel** ausgewählt sein.

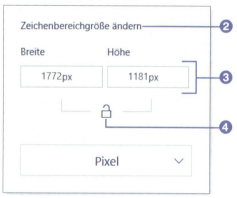

4. Jetzt laden wir das Hintergrundbild. Öffnen Sie dazu Ihr *Bilder*-Verzeichnis im Explorer, suchen Sie ein Motiv aus, ziehen Sie es aus dem Explorer-Fenster mit gedrückter Maustaste einfach auf das Zeichenfeld, und lassen Sie dann die Maus los. Das funktioniert genauso wie das Einfügen von Fotos aus der Fotos-App, wie es im Abschnitt »Bilder in Paint 3D einfügen« ab Seite 46 beschrieben wurde. Wichtig: Ob das Bild nun aus dem Explorer oder der Fotos-App übertragen wird – das Fenster sollte Paint 3D überlappen. Um die Fenster nebeneinander bzw. einander überlappend anordnen zu können, müssen Sie sie zuvor natürlich über das entsprechende Symbol im Fenster oben rechts ❺ verkleinern.

131

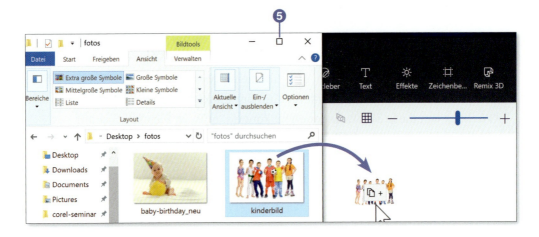

Hat das geklappt, erscheint Ihr Bild nun auf der Zeichenfläche mit punktiertem Rahmen und dem Drehen-Symbol:

5. Ziehen Sie das Bild in die gewünschte Größe. Achtung, auch hier gilt: Sobald Sie außerhalb des Rahmens klicken, ist das Bild fixiert und kann nicht mehr verändert werden. Befördern Sie also am besten das Explorer-Fenster oder das Fenster der Fotos-App mit einem Klick in die Taskleiste außer Sicht, damit Sie hier nicht versehentlich in Paint 3D mit der Maus klicken.

Passendes Bild gesucht? Bilddatenbanken sind die Lösung!

Sie kennen das sicherlich – da ist eine tolle Gestaltungsidee im Kopf, alleine es fehlt das passende Bild dazu. Hierfür gibt es im Internet tatsächlich eine Lösung. Sogenannte Bilddatenbanken haben für fast jedes Thema unzählige verschiedene Motive auf Lager. Diese dürfen Sie nach Bezahlung frei verwenden. Der Vorteil: Diese Fotos sind hochaufgelöst und in guter Qualität. Schauen Sie doch einfach mal bei *www.fotolia.com, www.photocase.de* oder auf der Webseite *www.istockphoto.com* vorbei.

Zusätzliche grafische Elemente – Remix 3D und Aufkleber

Nun wollen wir unser Bild mit einer Rasen-Grafik unterlegen.

1. Klicken Sie dazu auf die Schaltfläche **Remix 3D** in der Menüleiste, und geben Sie im Bereich **3D-Modelle durchsuchen** ❶ den Begriff »Rasen« ein. Bestätigen Sie Ihre Suche mit der Taste ⏎ – sofort erscheinen einige Ergebnisse.

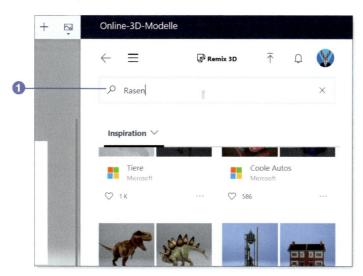

Wir entscheiden uns für den zweiten Vorschlag in der Auflistung, den *Grasfleck*. Klicken Sie nun auf das Augensymbol ❷.

2. Damit wird das 3D-Modell für die Ansicht vorbereitet, und wir können es mit gedrückter Maustaste und durch Verschieben der Maus genau betrachten. Wenn es Ihnen zusagt, klicken Sie auf **Dieses Modell importieren** ❸, und schon landet es auf der Zeichenfläche.

Voraussetzungen für die Nutzung von Remix 3D

Remix 3D können Sie nur in Verbindung mit einem Microsoft-Konto nutzen, das Sie ggf. schon auf Ihrem Windows-10-PC für andere Apps aktiviert haben. Es besteht aus Ihrer E-Mail-Adresse und Ihrem Kennwort. Ohne eine solche Anmeldung bzw. Neueinrichtung eines solchen Kontos haben Sie keinen Zugriff auf die Bilder. Sollten Sie noch nicht mit einem Microsoft-Konto angemeldet sein, erhalten Sie direkt bei der Suche und Auswahl eines 3D-Modells die Möglichkeit, das an dieser Stelle nachzuholen. Allerdings wird mit der Nutzung von Remix 3D automatisch auch ein Xbox-Live-Profil angelegt, das Sie für 3D und Spiele nutzen können. Während der Anmeldung erfahren Sie alles Wissenswerte zum Thema und können, sollten Sie sich dagegen entscheiden, den Vorgang jederzeit wieder abbrechen und damit auf die Nutzung von Remix 3D verzichten.

3. Nun vergrößern und positionieren Sie das aktuell noch viel zu winzige Grasfleck-3D-Modell ④ so, dass Sie eine schöne Rasenfläche erhalten. Verwenden Sie dazu die Positionspunkte an den Ecken sowie die Rotations- und Verschieben-Werkzeuge an den jeweiligen Seiten des punktierten Rahmens. Schlagen Sie gerne im Abschnitt »Einen 3D-Text in Paint 3D eingeben und formatieren« ab Seite 99 noch mal nach, wie man diese Werkzeuge bedient. Ihr Endergebnis sollte ungefähr so aussehen. Dass der Rasen aktuell über das Bild hinausragt, spielt keine Rolle.

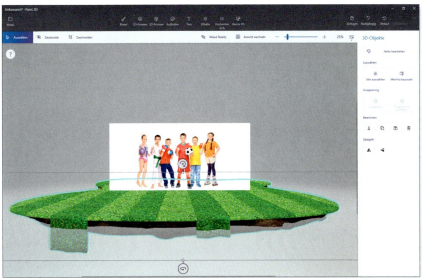

4. Als Nächstes erweitern wir unsere Karte um ein Logo, das wir, wie schon zuvor das Bild, einfach auf die Arbeitsfläche in Paint 3D ziehen. Wenn Sie ein ähnliches Objekt importieren wollen, sorgen Sie dafür, dass es im Format PNG mit transparentem Hintergrund vorliegt. Dann wird es ohne störende Kanten eingefügt. Offizielle Logos sind meist schon so abgespeichert.

5. Klicken Sie in der Seitenleiste auf die Schaltfläche **Dreidimensional erstellen** und dann auf **Aufkleber erstellen**. Damit können wir unser Logo frei bewegen. Sie sehen hier zudem Ihren vorgefertigten Aufkleber ❺, den Sie mit einem Klick erneut verwenden können. Allerdings funktioniert das nur immer pro Projekt. Legen Sie ein neues Dokument an, müssen Sie auch die Aufkleber neu anlegen.

6. Zum Abschluss klicken wir noch einmal auf die Schaltfläche **Remix 3D**, um noch einige Sportutensilien wie Bälle anzubringen. Geben Sie, wie bereits vorhin erklärt, in das Feld **3D-Modelle durchsuchen** ❻ das gewünschte Utensil als Suchbegriff ein, in unserem Fall »Bälle«.

7. Klicken Sie auf das gewünschte Objekt, erscheint es auch schon auf Ihrer Karte. Wir haben uns hier zunächst für einen Volleyball entschieden und anschließend nacheinander noch einen Fußball, Basketball, Tennisschläger mit Ball sowie einen Boxhandschuh hinzugefügt. Dazu muss jeweils die Suche in **Remix 3D** neu gestartet werden. Positionieren Sie schließlich die einzelnen Elemente mithilfe der Rotations- und Bewegungswerkzeuge so, dass sie ein harmonisches Bild ergeben.

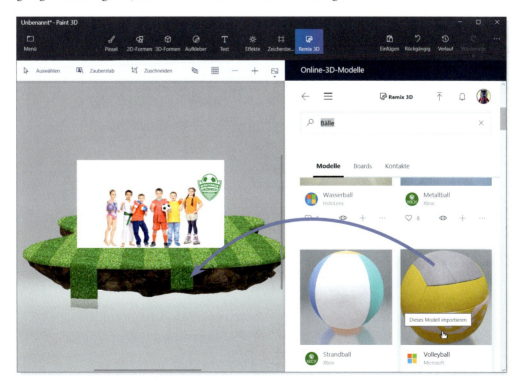

Das Projekt in Word importieren und weiterbearbeiten

Um unsere Postkarte in Microsoft Word weiterzubearbeiten und dort zu beschriften, exportieren wir das Projekt nun dorthin.

1. Klicken Sie dazu links oben auf die Schaltfläche **Menü** und im Auswahldialog auf den Eintrag **Datei exportieren** ❶. Wir benötigen hier **2D – PNG** als Dateiformat.

2. Anschließend vergeben Sie einen beliebigen Dateinamen ❷ und wählen den Speicherort ❸ aus.

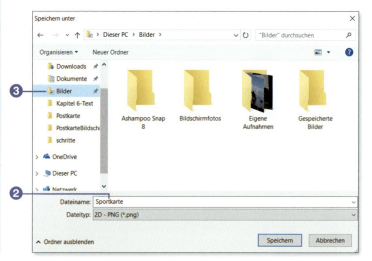

Sie können Paint 3D nun schließen und Ihr noch geöffnetes Projekt dort zusätzlich speichern. Sollten Sie später doch noch 3D-Objekte verschieben wollen, ist das dann immer noch möglich.

1. Öffnen Sie Word.

2. Stellen Sie für Ihr Dokument zunächst Postkartengröße ein. Klicken Sie dazu im Menüband auf den Reiter **Layout** ❹ und anschließend auf **Format** ❺.

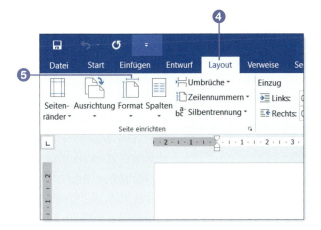

3. Da unser Format im Auswahldialog nicht aufgeführt ist, klicken Sie ganz unten auf **Weitere Papierformate** und geben bei **Breite** ❻ »15 cm« und bei Höhe ❼ »10 cm« ein. Anschließend bestätigen Sie mit **OK**.

Sie sehen, der Bereich in Word wird verkleinert und fast in Postkartengröße angezeigt.

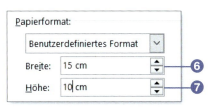

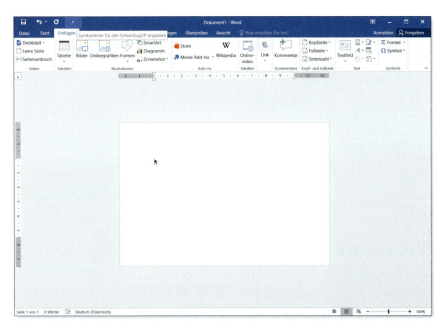

4. Nun fügen Sie Ihr in Paint 3D erstelltes Motiv ein: Klicken Sie auf den Reiter **Einfügen** ❽ und anschließend auf **Bilder** ❾. In aller Regel gelangen Sie nun direkt in den Bereich *Bilder* auf Ihrer Festplatte, wo wir auch unsere gestaltete Karte abgelegt haben. Ansonsten wechseln Sie

in jenen Ordner, in dem Sie das Motiv abgelegt haben. Klicken Sie das gewünschte Bild, in unserem Fall die *Sportkarte* ❿ an, und wählen Sie anschließend die Schaltfläche **Einfügen** ⓫. Das Bild erscheint im weißen Seitenbereich in Word.

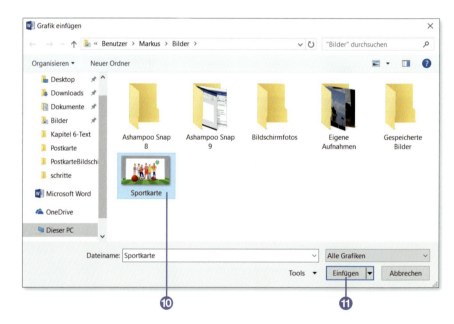

5. Automatisch ist der Reiter **Format** ⓬ geöffnet. Klicken Sie hier auf die Schaltfläche **Textumbruch** ⓭, und wählen Sie **Hinter den Text** ⓮ aus. Sie erinnern sich – damit können Sie Ihr Bild frei bewegen und problemlos in der Größe ändern.

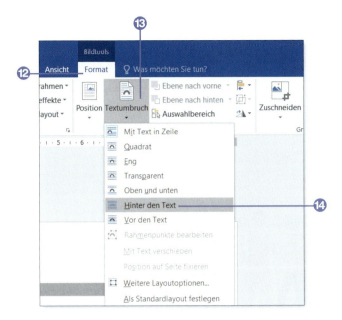

6. Nun schieben Sie mit gedrückter Maustaste das Bild in die linke obere Ecke, klicken danach den rechten unteren Positionspunkt an und ziehen das Bild so groß, dass das weiße Feld mit Ihrer Karte ausgefüllt ist.

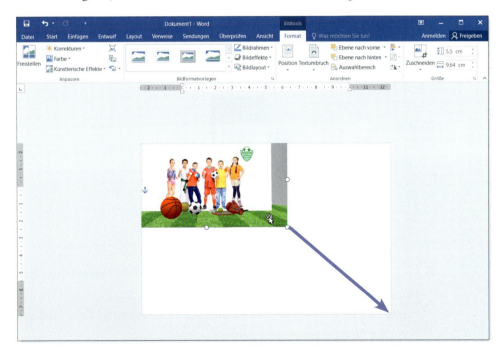

7. Um die Karte zu beschriften, klicken Sie im Reiter **Einfügen** auf **WordArt** ⑮. Wir entscheiden uns für den ersten Vorschlag und klicken auf das **A** in der linken oberen Ecke.

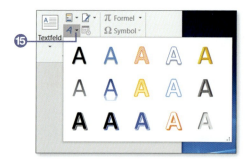

8. Es öffnet sich ein Textfeld mit einem bereits vorgegebenen Text ⑯. Verkleinern Sie zunächst das Textfeld mithilfe der Positionspunkte auf die gewünschte Größe. Markieren Sie den vorgegebenen Text, und schreiben Sie Ihren eigenen Text hinein.

9. Sofort öffnet sich auch die Minisymbolleiste, mit deren Hilfe Sie u. a. die Schriftgröße, die Schriftart sowie die Schriftfarbe anpassen können. Wir entscheiden uns für die Schriftart **Monotype Corsiva**, den Schriftgrad **24** sowie die Farbe Grün.

Wenn Sie das Textfeld positioniert haben und mit Ihrem Kunstwerk zufrieden sind, können Sie es abspeichern. Wählen Sie dazu **Datei ▶ Speichern unter ⑰**, vergeben Sie einen passenden Dateinamen, und wählen Sie den Speicherort aus. Damit wäre das vorerst einmal geschafft.

Was gilt es beim Ausdruck der Postkarte zu beachten?

Natürlich möchten Sie Ihre Postkarte nun auch mit dem Drucker zu Papier bringen. Damit der Ausdruck perfekt klappt, hier im Folgenden unsere Hinweise. Auf die Themen Papierauswahl und Druckeinstellungen gehen wir zudem ausführlich in Kapitel 13, »Richtig drucken«, ein.

1. **Papiersorte:** Zunächst ist die Papiersorte entscheidend, damit sich das Werk nachher auch wirklich »echt« anfühlt. Es gibt Papier in verschiedenen *Grammaturen*, für eine Postkarte sollten es mindestens 250 Gramm sein, besser sogar 300 Gramm. Dieses Gewicht ist übrigens immer auf den Quadratmeter Papier bezogen und gilt nicht pro Blatt. Sie sollten in jedem Fall vorher prüfen, ob Ihr Drucker so dickes Papier überhaupt bedrucken kann. Die meisten Tintenstrahldrucker haben ein separates Papierfach, wo das Papier nahezu gerade durch den Drucker läuft – da gibt es kaum Probleme. Besitzen Sie einen Laserdrucker, macht das Papier meist eine 90-Grad-Wendung im Gerät, Karton bleibt da gerne hängen.

   Schlagen Sie im Zweifel im Handbuch des Druckers nach. Welche Struktur Ihr Papier hat, ob glänzend, matt oder Natur, ist Ihrem Geschmack überlassen.

   Fotopapier gibt es schon vorgeschnitten im Format 10 × 15 Zentimeter von verschiedenen Anbietern. (Bild: Epson)

2. **Das Papierformat:** Wenn Sie Ihre im Format 10 × 15 Zentimeter angelegte Postkarte auf DIN-A4-Papierbogen ausdrucken würden, wäre das doch eine ziemliche Verschwendung, oder? Daher unsere Empfehlung – wenn Sie viele Postkarten drucken wollen, kaufen Sie das Papier im entsprechenden Format. Es gibt von zahlreichen Herstellern passendes Papier. Achtung: Ihr Drucker sollte randlos drucken können, damit nachher der Ausdruck auch über die gesamte Fläche geht und

kein Rand bleibt. Die meisten Tintenstrahldrucker verfügen über diese Möglichkeit, Farblaser allerdings nicht. Wie Sie hier verfahren, lesen Sie im folgenden Kasten.

Auch ohne Randlosdruck ordentlich Papier sparen

Wenn Ihr Drucker nicht randlos druckt, können Sie trotzdem Papier sparen. Halbieren Sie DIN-A4-Bögen einfach mit einer kleinen Papierschneidemaschine auf DIN-A5-Format, und drucken Sie die Postkarten darauf aus, wie ab Seite 147 beschrieben. Schneiden Sie diese im Anschluss auf das Format ohne Rand zu. Der Vorteil dieser Methode ist, dass sie 100-prozentig exakt ist. Denn beim Randlosdruck über den Drucker wird »geschummelt« und Ihr Dokument ein klein wenig vergrößert. Das fällt aber nur dann auf, wenn beispielsweise Schrift ganz am Rand sitzt.

Eine Papierschneidemaschine ist fürs »Do it yourself« eigentlich eine Grundvoraussetzung. Es muss aber nicht immer gleich die professionelle Hebelschneidemaschine sein. Immerhin kann man damit aber mehrere Papierbögen auf einmal schneiden. Kleine Rollenschneidemaschinen gibt es für wenig Geld – wenn man nur ab und zu schneiden muss, sind diese die richtige Wahl. Bei starkem Karton haben diese Geräte aber so ihre Schwierigkeiten.

Und so gelingt der Ausdruck aus Word in wenigen Schritten. Bitte beachten Sie, dass je nach Druckermodell die Begrifflichkeiten etwas variieren können. Wir haben diese Schritte mit einem Epson-Tintenstrahldrucker durchgeführt.

Mit einer professionellen Hebelschneidemaschine können ganze Papierstapel auf einmal bearbeitet werden.

Kleine Rollenschneidemaschinen sind relativ preiswert. (Bild: Ideal)

Ein Tintenstrahldrucker von Epson ist unser »Versuchskaninchen« für dieses Buch. (Bild: Epson)

1. Öffnen Sie Ihr Word-Dokument mit der Postkarte, und gehen Sie zu **Datei ▸ Drucken** ❶. Das hier abgebildete, etwas unübersichtliche Bildschirmfenster erscheint. Sie sehen nun eine Menge Einstellungsmöglichkeiten für Ihren Drucker ❷ und die Druckvorschau ❸. Es ist deutlich zu sehen, dass Ihr Drucker aktuell auf DIN-A4-Papier eingestellt ist ❹ und die Postkarte darauf ziemlich verloren aussieht.

2. Wir gehen davon aus, dass Sie auf 10 × 15-Papier drucken möchten. Das wählen Sie mit einem Klick auf das Papierformat **5** direkt aus. Sollte Ihr Drucker das Format nicht in der Liste haben, genügt ein Klick auf **Weitere Papierformate 6**, um es passend zu wählen. Haben Sie Ihr Papier, wie vorhin gezeigt, auf DIN A5 geschnitten, wählen Sie dieses als Option.

3. Nun sieht die Druckvorschau schon besser aus, oder?

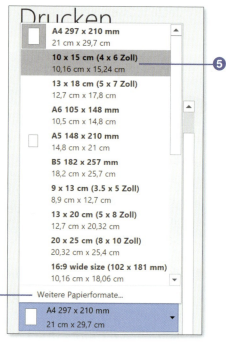

4. Jetzt müssen noch die Papier- und Druckqualität definiert werden. Das geht leider nicht direkt in diesem Menü, hier ist ein Klick auf die **Druckereigenschaften** ❼ notwendig.

5. Dieses Menü unterscheidet sich zwar je nach Drucker und Hersteller, doch Sie werden sich sicher zurechtfinden, da die Begrifflichkeiten zumindest sehr ähnlich sind. Beim Druckmedium ist entscheidend, auf welchem Papier Sie drucken. Wahrscheinlich haben Sie Fotopapier erworben, daher wäre auch **Premium Glossy** ❽ (Glanzpapier) oder **Premium Semigloss** ❾ (mattes Fotopapier) die richtige Wahl. Jeder Hersteller benennt die Papiere übrigens anders. Und ja, Sie können mit einem Epson-Drucker auch Papier von Canon oder HP oder einem anderen Hersteller bedrucken. Wichtig ist nur, dass Sie die Papierart richtig wählen, damit die Druckqualität stimmt. Drucken Sie beispielsweise mit Normalpapier-Einstellung auf Fotopapier, wird der Ausdruck verschmiert und unscharf, da viel zu viel Tinte in zu kurzer Zeit aufgetragen wird.

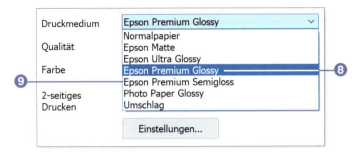

6. Ebenso wichtig ist die Druckqualität ❿. Für beste Ergebnisse wählen Sie natürlich **Stark** (bei anderen Herstellen heißt das häufig *Hoch*).

7. Ganz wichtig – fast alle Tintenstrahldrucker können randlos drucken. Diese Option ⑪ aktivieren Sie natürlich auch noch.

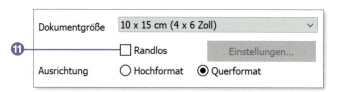

8. Bestätigen Sie Ihre Einstellungen nun mit **OK**, und klicken Sie im Drucken-Dialog von Word schließlich auf den **Drucken**-Button. Damit wird Ihr Meisterwerk direkt zu Papier gebracht.

Sie sehen – mit ein wenig Geduld ist es gar nicht so schwer, Ihre kreativen Projekte auch in Eigenregie auszudrucken. Und ganz klar macht wie überall Übung den Meister. Erwarten Sie nicht gleich beim ersten Projekt das perfekte Ergebnis, sondern arbeiten Sie sich Schritt für Schritt voran.

Zum Abschluss dieses Kapitels geben wir Ihnen noch zwei Inspirationen für weitere Postkarten-Projekte:

Auch Urlaubsgrüße kann man wunderbar selbst gestalten. Wie in unserem Beispielprojekt wurden auch hier ein Hintergrundbild und ein 3D-Objekt (Möwe) in Paint 3D montiert und mit einer Beschriftung in Word versehen.

Oder wie wäre es mit einer süßen Einladung zum Kindergeburtstag? Die Ballons sind 3D-Objekte, das Hintergrundbild wurde in Paint 3D importiert und der Text mit WordArt sowie einer Hintergrundfarbe gesetzt.

Kapitel 8

Gleich doppelt gut – Klappkarten für besondere Anlässe

Ob Weihnachten, Ostern, Geburtstag oder Hochzeitstag – Klappkarten sind ein beliebter Klassiker. Mit Paint 3D sind Sie natürlich auch in der Lage, solche Klappkarten zu gestalten und damit Freude zu verbreiten. Mit Fantasie und ein paar Handgriffen kommen Sie zu Ihrer ganz individuellen Klappkarte. Wie – das zeigen wir Ihnen auf den folgenden Seiten. Natürlich haben wir auch in diesem Kapitel wieder ein paar Raffinessen eingebaut, damit Sie Ihr Grundlagenwissen auch für viele andere Gestaltungsanlässe erweitern, und wir zeigen Ihnen nicht zuletzt am Schluss, wie eine ordentliche Falz in die Karte kommt.

Eine schöne Einladungskarte gestalten – so gelingt es auch mit einer Klappkarte.

Das passende Format auswählen

Die ideale Größe für eine selbst gestaltete Klappkarte beträgt 28 × 14 Zentimeter, also zweimal 14 Zentimeter in der Breite, denn die Karte wird ja geklappt. Dem entsprechen im Grafikprogramm eigentlich 3.307 × 1.654 Pixel (siehe aber Schritt 2 der folgenden Anleitung). Die Breite von 28 Zentimetern wählen wir auch deshalb, weil man diese noch prima auf ein DIN-A4-Blatt drucken kann.

1. Öffnen Sie zunächst das Programm Paint 3D, legen Sie ein neues Projekt über **Neu** an, und klicken Sie in der Menüleiste auf **Zeichenbereich**.

2. Geben Sie im rechten Fensterbereich unter **Zeichenbereichgröße ändern** sowohl bei **Breite** als auch bei **Höhe** »1654px« ❶ ein. Wir legen also die Zeichenfläche abweichend vom Endprodukt hier in Paint 3D quadratisch an, da wir die Vorder- und Rückseite der Karte separat gestalten und erst später in Word zusammenfügen wollen. Das ist deutlich komfortabler.

3. Ändern Sie danach die Ansichtsgröße entweder mithilfe des Zoom-Schiebereglers ❷ oder durch Überschreiben der Prozentangabe ❸ auf ein Drittel oder die Hälfte, also auf 33 bis 50 %, damit Sie einen besseren Überblick erhalten.

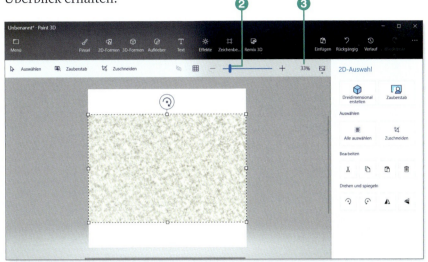

4. Im nächsten Schritt ziehen Sie Ihren Wunschhintergrund mit gedrückter linker Maustaste aus dem parallel geöffneten Explorer auf das Zeichenfeld. Wir haben uns für einen marmorierten Bildhintergrund entschieden, den wir in einer Bilddatenbank gefunden haben.

TIPP

Gratisbilder und eigene Motive

Auf *www.pixabay.com* finden Sie viele schöne Bilder, und das völlig kostenlos. Alternativ können Sie in Paint 3D über den Bereich **Aufkleber ▶ Benutzerdefinierte …** (das Ordnersymbol ganz rechts in der rechten Seitenleiste) und die Betätigung der Schaltfläche **Aufkleber hinzufügen** jederzeit aus Ihrer eigenen Fotosammlung ein Bild verwenden. Vielleicht sogar ein selbst eingescanntes Motiv? Gerade für Hintergründe gibt es so viele kreative Möglichkeiten. Stoff, Papier, Holz – in hoher Auflösung eingescannt, wie in Kapitel 3, »Gute alte Zeiten – Fotos, Dias und Zeichnungen auf den Computer bringen«, beschrieben, erzeugen sie ganz eigene Looks.

5. Ziehen Sie nun mithilfe der Anfasser das marmorierte Bild so groß, dass es die gesamte Zeichenfläche bedeckt.

Grafikelemente und Fotos richtig platzieren

Nachdem wir im vorigen Abschnitt den Hintergrund unserer Klappkarte festgelegt haben, geht es nun an die grafische Gestaltung im engeren Sinne. Für unser Beispielprojekt, eine klassische Karte zur Goldenen Hochzeit, wählen wir Elemente, die dem besonderen Anlass gerecht werden sollen. Sie können bei der Gestaltung aber natürlich auch von einer klassischen und hochwertigen Anmutung abweichen und durchaus auch sachlichere oder moderner wirkende Elemente verwenden.

1. Um der Karte einen stilvollen Rahmen hinzuzufügen, klicken Sie in Ihrem geöffneten Projekt auf die Schaltfläche **Remix 3D** in der Menüleiste und geben in das Feld **3D-Modelle durchsuchen** ❶ den Begriff »Rahmen«

ein. Paint 3D wird Ihnen einige Vorschläge machen. Scrollen Sie einfach nach unten, bis Ihnen der passende Rahmen unterkommt.

2. Wir haben uns für **2x2 Bilderrahmen Delphine** entschieden und wollen uns diesen Bilderrahmen mit einem Klick auf das Augensymbol genauer ansehen. Mit gedrückter linker Maustaste können Sie nun das 3D-Modell drehen und mit einem Klick auf **Dieses Modell importieren** ❷ in die marmorierte Zeichenfläche einbauen.

3. Sobald das 3D-Modell auf Ihrem Zeichenfeld geladen ist, ziehen Sie es mithilfe der Anfasser an den Ecken ❸ auf die gewünschte Größe.

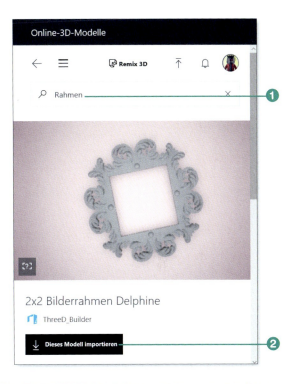

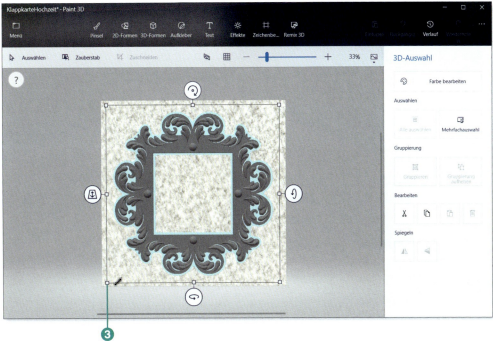

4. Nun passen wir den Rahmen farblich an. Dafür klicken Sie in der Menüleiste auf die Schaltfläche **Pinsel**. Im rechten Fensterbereich nehmen Sie die folgenden Einstellungen vor.

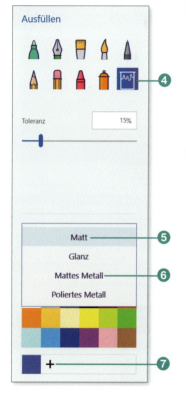

5. Klicken Sie auf die Symbolschaltfläche **Ausfüllen** ❹ und anschließend auf den Pfeil rechts neben dem Begriff **Matt** ❺, um die zur Verfügung stehenden Optionen anzuzeigen und das von Ihnen gewünschte »Material« festzulegen. Hier wählen Sie mit einem Mausklick **Mattes Metall** ❻. Damit definieren wir zunächst, wie die Oberfläche des Rahmens wirken soll.

6. Um die eigentliche Farbe des Rahmens festzulegen, klicken Sie zunächst auf den gewünschten Farbton in der Farbpalette darunter und anschließend auf das Plussymbol ❼. Fahren Sie im sich öffnenden Dialogfenster **Neue Farbe wählen** mit der Maus an jene Stelle, die Ihnen zusagt. Damit bewegen Sie zugleich das kleine Quadrat im Farbregister ❽. Der jeweils ausgewählte Farbton erscheint etwas vergrößert im Quadrat rechts daneben ❾, sodass Sie ihn besser beurteilen können. Haben Sie sich entschieden, klicken Sie abschließend auf **OK** ❿, und der neue Farbton steht in der Palette zur Verfügung ⓫.

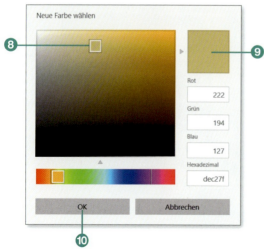

7. Fahren Sie mit der Maus auf den Rahmen, klicken Sie darauf, und schon ist der Rahmen nach Wunsch umgefärbt.

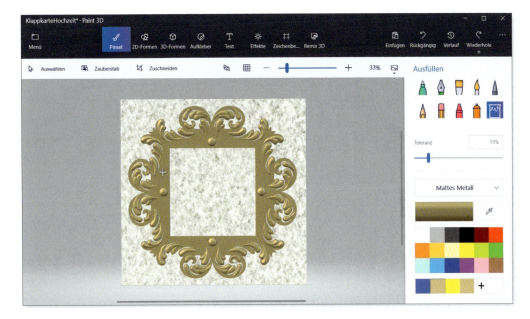

8. Jetzt nehmen wir uns die kleinen Kreise bzw. Schrauben an den vier Seiten des Rahmens vor, die wir farblich absetzen wollen. Im Auswahlbereich zu **Pinsel** klicken Sie nun auf die Symbolschaltfläche für den **Textmarker** 🕛.

9. Wählen Sie aus der Farbpalette Hellgrau (für einen Silberton) aus. Bei **Stärke** (bedeutet eigentlich Pinselgröße) 🔞 haben wir uns für 20 Pixel entschieden, die Sie einfach in das Feld eintippen; alternativ können Sie die Einstellung mit dem darunter befindlichen Schieberegler vornehmen. Ändern Sie nun noch die Ansichtsgröße für ein exaktes Arbeiten auf rund 300 %.

10. Jetzt klicken Sie einfach mit der Maus auf die runden Flächen und malen diese mit gedrückter linker Maustaste aus. Sollten Sie über den Rand gelangen, ist das kein Problem. Sie können entweder mit der Schaltfläche **Rückgängig** ⓴ Ihre kleinen Patzer sofort ungeschehen machen, oder Sie bessern diese im Anschluss mit dem Textmarker durch Übermalen mit der Grundfarbe aus. Führen Sie dies bei allen vier Schräubchen durch, stellen Sie dann den Zoom ⓯ wieder auf 100 %, und betrachten Sie Ihr Ergebnis:

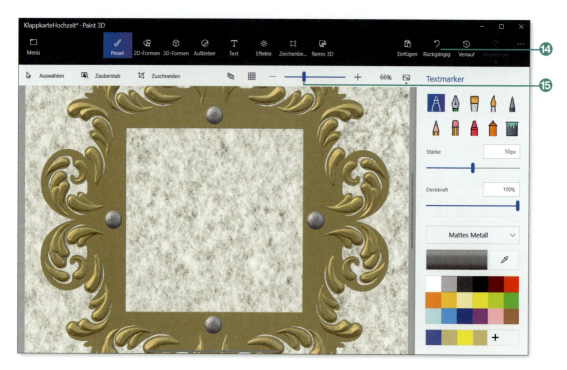

Nachdem wir den Rahmen nun auf dem Hintergrund eingefügt und umgestaltet haben, geht es nun an die weiteren Bildebenen und grafischen Elemente unserer Karte.

1. Suchen Sie jetzt das passende Bild für den Rahmen aus Ihrem *Bilder*-Ordner aus, und ziehen Sie es mit gedrückter linker Maustaste vom Explorer auf die Zeichenfläche. Im rechten Fensterbereich von Paint 3D klicken Sie auf **Dreidimensional**, damit Sie das Bild frei bewegen können und es nicht auf dem Hintergrund fixiert wird.

2. Verschieben Sie das Bild mithilfe des Verschieben-Werkzeugs ❶ hinter den Rahmen, und passen Sie die Größe an.

3. Jetzt gestalten wir die Karte noch mit einigen Accessoires. Klicken Sie auf **Remix 3D** in der Menüleiste, geben Sie den Suchbegriff »Hochzeit« in das Feld **3D-Modelle durchsuchen** ❷ ein, wählen Sie das gewünschte Brautkleid aus, und importieren Sie es wie zuvor für den Rahmen beschrieben.

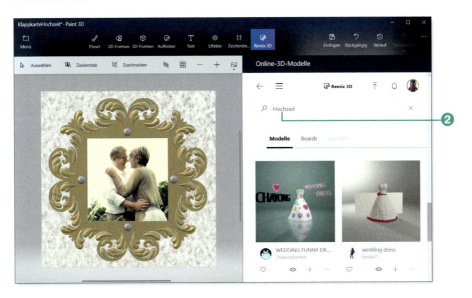

4. Die pinkfarbenen Stellen bei unserem gewählten 3D-Modell ändern wir auch hier farblich über die Schaltfläche **Pinsel** und das Werkzeug **Ausfüllen**, diesmal in Gelb.

5. In derselben Weise gehen wir mit den Jubiläumszahlen vor, die wir auf unserer Karte platzieren möchten. Suchen Sie in **Remix 3D** nach »Zahlen«, wählen Sie eine 5 und schließlich noch eine 0 aus, und importieren Sie diese auf die bekannte Weise. Bringen Sie Ihre 3D-Ziffern in die passende Größe, und färben Sie sie über den **Pinsel**-Button erneut in Gelb oder einer Ihnen passend erscheinenden Farbe um.

6. Wir exportieren die Datei nun für Word. Das klappt mit einem Mausklick auf die Schaltfläche **Menü** (das Ordnersymbol) in der Menüleiste ganz links und einem Klick auf **Datei exportieren** ❸. Im Dialog rechts wählen Sie **2D – PNG** ❹ als Format aus. Automatisch führt Sie das Programm in Ihren *Bilder*-Ordner bzw. in das Verzeichnis *Dieser PC*, wo Sie Ihre Grafik abspeichern können. Vergeben Sie einen passenden Dateinamen, und klicken Sie auf **Speichern**.

Gut – der erste Teil bzw. die erste Hälfte der Karte wäre geschafft. Jetzt gestalten wir die Rückseite unserer Klappkarte. Wiederholen Sie dazu einfach die Schrittanleitung des Abschnitts »Das passende Format auswählen« ab Seite 152, um eine weitere quadratische Arbeitsfläche mit demselben (marmorierten) Hintergrund wie für die Vorderseite zu erhalten. Diese Fläche gestalten wir nun wieder individuell.

1. Begeben Sie sich wieder im Bereich **Remix 3D** auf Modellsuche. Dieses Mal benötigen Sie ein Herz, das Sie exakt nach demselben Muster wie vorhin beschrieben zweimal importieren. Wenn sich die beiden Herzen auf Ihrer Zeichenfläche befinden, vergrößern Sie sie und schieben sie ein wenig ineinander.

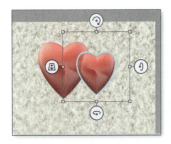

2. Damit die Herzen zur restlichen Karte passen, färben Sie diese in Gelb um. Klicken Sie dazu wieder auf die Schaltfläche **Pinsel**, führen Sie die nötigen Einstellungen (**Ausfüllen**, **Matt ▸ Mattes Metall**) durch, und wählen Sie in der Farbpalette den entsprechenden Gelbton. Führen Sie dies nacheinander für beide Objekte durch. Auch hier gilt die Devise: Wenn Sie unsicher sind, blättern Sie einfach ein paar Seiten zurück und sehen sich das genaue Vorgehen noch einmal an.

3. Wir exportieren nun den zweiten Teil der Grafik, wiederum über **Menü** und **Datei exportieren** sowie die Option **2D-PNG**, und vergeben einen passenden Dateinamen, z. B. *KlappkarteHochzeitTeil2* ❶. Klicken Sie wie vorhin auf den Button **Speichern** ❷.

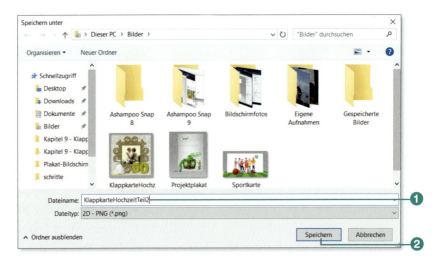

Damit ist die grafische Arbeit im Programm Paint 3D erledigt. Sie können Ihre Arbeit in Paint 3D zusätzlich abspeichern, falls Sie doch noch einmal daran weiterarbeiten möchten, und die Anwendung schließen.

Klappkarte in Word zusammenbauen

Nun wollen wir gemeinsam die beiden soeben erstellten Grafikelemente in Word zusammenführen und beschriften, denn ohne Grußtext wäre die Karte ja nur eine halbe Sache.

1. Öffnen Sie das Programm *Microsoft Word*. Zunächst müssen wir auch hier die Größe des Dokuments anlegen. Klicken Sie dazu im Reiter **Layout** ❶ auf **Format** ❷. Da die Klappkarte kein Standardformat hat, wählen Sie **Weitere Papierformate** ❸ aus.

2. Damit gelangen Sie in den Bereich **Seite einrichten**. Geben Sie bei **Breite** »28 cm« ❹ und bei **Höhe** »14 cm« ❺ ein, Sie erinnern sich – das sind die optimalen Maße für die Klappkarte. Bestätigen Sie Ihre Eingaben mit **OK** ❻.

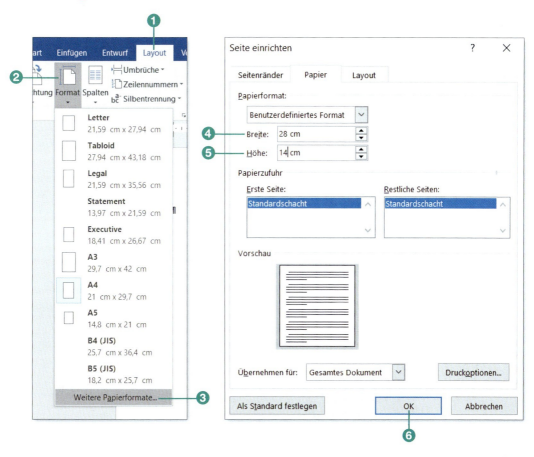

3. Jetzt werden die in Paint 3D erstellten Grafiken zusammengefügt. Klicken Sie dazu auf den Reiter **Einfügen** ➐ und dort, im Bereich **Illustrationen**, auf **Bilder** ➑.

4. Sofort gelangen Sie in Ihren *Bilder*-Ordner, in dem sich auch Ihre Klappkarten-Grafiken befinden. Klicken Sie die Datei mit der Vorderseite Ihrer Karte an, und gehen Sie auf **Einfügen** ➒.

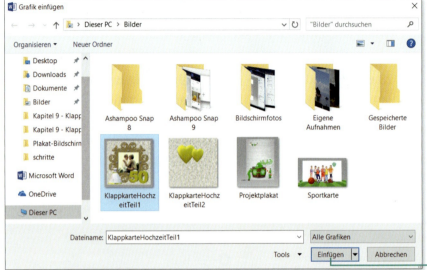

5. Nun befindet sich die erste Grafik im Dokument. Klicken Sie auf die Schaltfläche **Textumbruch** ➓ und im Auswahlmenü auf **Hinter den Text** ⑪. Damit wird es Ihnen ermöglicht, die Grafik auf dem Dokument frei zu bewegen.

6. Nun bewegen Sie die Grafik auf die rechte Seite des Dokuments und ziehen sie mithilfe der Anfasser so groß, dass sie den rechten Bereich bedeckt.

Nicht verwechseln: Vorder- und Rückseite

Mal ehrlich, wo hätten Sie die Vorderseite Ihrer Klappkarte platziert? Instinktiv neigt man dazu, diese nach links zu schieben. Spätestens wenn Sie Ihr Werk drucken und falzen, werden Sie bemerken, dass die Titelseite aber immer rechts sitzen sollte.

7. Führen Sie nun den gesamten Vorgang noch einmal mit der zweiten Grafik durch. Das vorläufige Endprodukt sollte nun so aussehen.

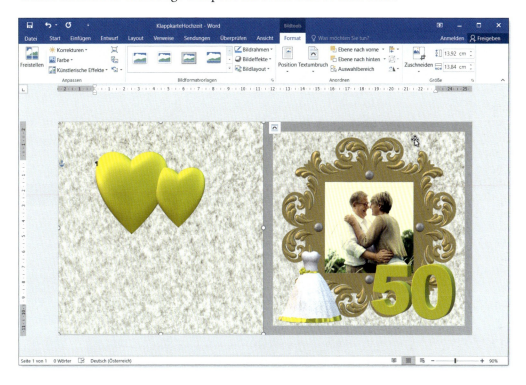

Klappkarte beschriften

Jetzt kommt noch der Text ins Spiel, den wir ebenfalls mit Word realisieren. Sie sind ja in Word mittlerweile Profi, also dürften die folgenden Schritte ein Klacks werden.

1. Klicken Sie auf den Reiter **Einfügen** und die Symbolschaltfläche für **WordArt** ❶. Am besten wählen Sie gleich den ersten Vorschlag links oben ❷ per Klick aus.

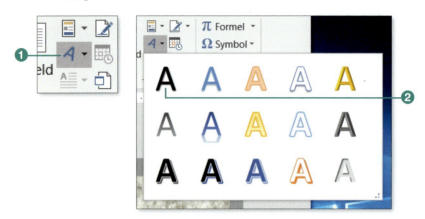

2. Fahren Sie dann mit der Maus im Dokument an jene Stelle, an der Sie das Textfeld haben möchten, und klicken Sie dorthin. Es entsteht ein Feld mit dem Schriftzug **Hier steht Ihr Text**.

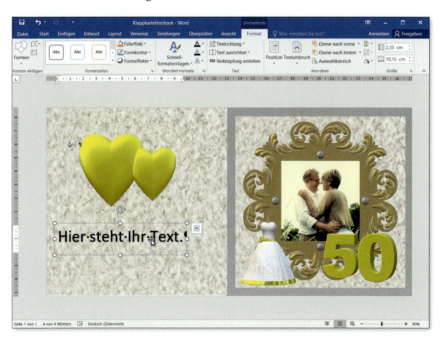

3. Markieren Sie den Schriftzug mit gedrückter linker Maustaste, öffnet sich die Minisymbolleiste mit verschiedenen Schnellbefehlen zur Formatierung Ihres Textes. Wir haben uns für die Schriftart **Edwardian Script** ❸ sowie die Schriftgröße **22** ❹ entschieden. Sollte diese Schriftart nicht auf Ihrem Computer zur Verfügung stehen, können Sie natürlich eine andere Schriftart auswählen. Wir empfehlen in jedem Fall eine Schreibschrift, die für die persönliche Note Ihrer Klappkarte sorgt.

4. Schreiben Sie nun Ihren Text, das Feld vergrößert sich dabei automatisch. Sie sehen an unserem Beispiel, dass wir im Nachhinein noch Änderungen in der Formatierung durchgeführt haben. Wenn auch Sie nach dem Schreiben des Textes wie wir unterschiedliche Schriftgrößen verwenden möchten, markieren Sie dazu einfach die entsprechende Textstelle. Sofort erscheint wieder die Minisymbolleiste, in der Sie Ihre Änderungen vornehmen können.

5. Jetzt geben wir der Klappkarte noch einen passenden Titel auf einem schwungvollen Banner. Wählen Sie dazu im Reiter **Einfügen** ⑤ die Schaltfläche **Formen** ⑥. Im Bereich **Sterne und Banner** wählen wir die vorletzte Form **Welle** ⑦ mit einem Klick aus.

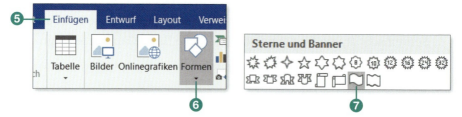

6. Gehen Sie nun an die gewünschte Position auf der Vorderseite der Karte, und ziehen Sie die ausgewählte Form mit gedrückter linker Maustaste bis zur gewünschten Größe auf.

7. Um die Hintergrundfarbe des Banners zu ändern, klicken Sie im Menüband auf das kleine Quadrat mit Pfeil ⑧ neben **Formenarten**.

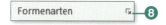

8. Im rechten Bereich öffnet sich ein Fenster, in dem Sie die Farbänderung durchführen können. Klicken Sie dazu auf den Pfeil neben **Füllung** ⑨ und anschließend auf die Auswahlschaltfläche ⑩ neben **Farbe**. Wählen Sie Ihre Wunschfarbe mit einem Klick aus, und schon erscheint Ihr Banner in der gewünschten Farbe.

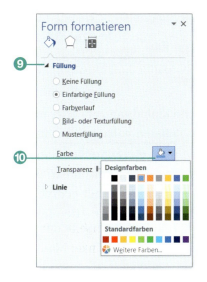

9. Beschriften Sie das Banner, indem Sie wie vorhin auf **Einfügen** und **WordArt** klicken. Wählen Sie auch hier die Schriftart **Edwardian Script** ⑪ aus, sofern sie Ihnen zusagt und auf Ihrem Computer installiert ist. Bei Schriftfarbe haben wir uns für Weiß entschieden ⑫, damit sich der Text von dem Goldton abhebt. Den richtigen Text geben wir in den folgenden Schritten ein.

Und so legen Sie Ihren Text zweizeilig an:

1. Schalten Sie zunächst die nicht sichtbaren Zeichen ein, indem Sie auf das entsprechende Symbol ❶ auf der Registerkarte **Start** klicken.

2. Schreiben Sie nun als erste Zeile »Herzliche Einladung zur« oder einen entsprechenden Text. Um in die nächste Zeile zu gelangen, betätigen Sie die Taste ⇧ und drücken gleichzeitig auf ↵. Schreiben Sie nun in die zweite Zeile »Goldenen Hochzeit« bzw. Ihren Kartentext. Jetzt gehen Sie mit der Maus in das Zeilenlineal und ziehen mit gedrückter Maustaste den nach oben zeigenden Pfeil ❷ nach rechts – der Text in der zweiten Zeile wird damit verschoben.

Das Lineal in Word einschalten

Sollte das Zeilenlineal nicht aktiviert sein, klicken Sie auf den Reiter **Ansicht** ❸ und versehen das Kästchen vor **Lineal** ❹ mit einem Häkchen.

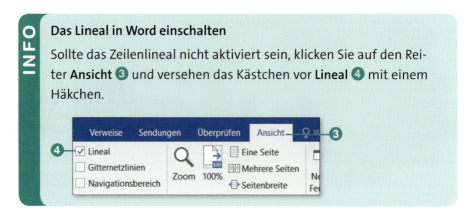

3. Nun wollen wir die Innenseite der Klappkarte gestalten. Klicken Sie dazu auf das kleine Absatzzeichen auf der linken Seite des Word-Dokuments. Um es zu sehen, müssen die nicht sichtbaren Zeichen aktiviert sein, wie in Schritt 1 erklärt. Wir fügen nun mit der Leertaste genau einen Leerschritt ein. Das ist notwendig für die folgenden Schritte. Word versteht sonst nicht, dass auf dieser Seite Elemente vorhanden sind, und würde ansonsten die Innenseite vor der Außenseite anlegen.

4. Nun klicken Sie im Reiter **Einfügen** ➎ auf die Schaltfläche **Leere Seite** ➏. Damit entsteht eine leere Seite nach Ihrer Grafik.

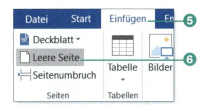

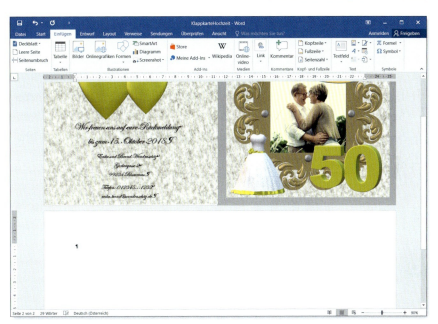

5. Den Text fügen wir auch für die Innenseite wieder mit WordArt ein, wie vorhin schon beschrieben. Wählen Sie für die größere Textmenge eine gut lesbare Schrift. Schlagen Sie gerne bei den Tipps zur Textgestaltung im Abschnitt »Text erstellen und gestalten in Word – ein kurzer Einblick« ab Seite 107 nach.

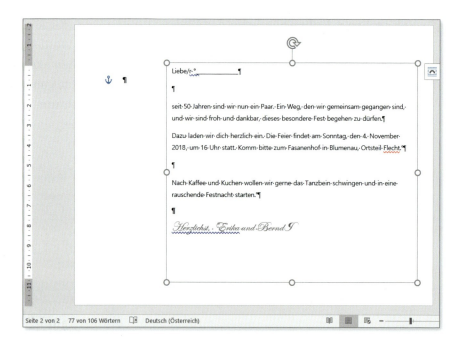

6. Damit ist das Dokument fertig. Gehen Sie abschließend auf **Datei** und **Speichern unter**, suchen Sie sich den gewünschten Ordner aus, vergeben Sie einen passenden Titel, und speichern ❼ Sie das Dokument ab.

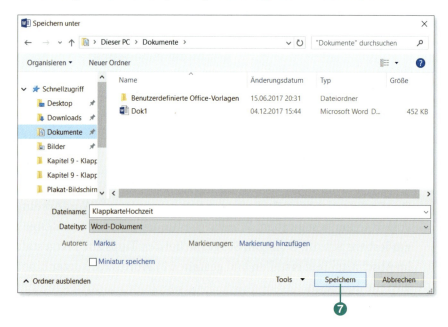

Drucken und Falzen

Der Ausdruck Ihrer Klappkarte kann nun auf effektvollem Fotopapier erfolgen. Beachten Sie, dass Sie hier einen doppelseitigen Druck vornehmen müssen. Auch wenn Ihr Drucker diese Technik vielleicht automatisch beherrscht, sollten Sie sie bei Fotopapier nicht nutzen. Denn bei diesem Vorgang wird das Papier im Drucker gewendet und bleibt aufgrund der Stärke und glatten Oberfläche häufig stecken. Mit den folgenden Tipps klappt der Druck aber »manuell«. Wir geben Ihnen hier eher allgemein gehaltene Anregungen, weil jeder Drucker und jedes Papier anders sind.

1. Drucken Sie immer erst die Innenseite der Karte, bei Fotopapier ist diese zumeist unbeschichtet. Die Einstellung im Druckermenü sollte daher auch auf **Normalpapier** stehen. Wie Sie diese Einstellung vornehmen, lesen Sie in Kapitel 13, »Richtig drucken«, ab Seite 271.

2. Wenn Sie anschließend die Außenseite mit der Fotoseite drucken, vergessen Sie nicht, die Druckqualität wieder für Fotopapier umzustellen. Zusätzlich achten Sie beim Einlegen des Papiers darauf, dass später Innen- und Außenseite nicht kopfüber gegeneinanderstehen. Das passiert leider schneller, als man denkt. Denn je nach Drucker wird das Papier innen noch einmal gewendet. Hier unser Tipp: Probieren Sie den Ausdruck zunächst mit geringer Druckqualität auf Normalpapier aus, und merken Sie sich, mit welcher Seite das Papier für Seite 2 in den Drucker gelegt werden muss.

Ist der Ausdruck gelungen, kommt die Kür, das Falzen der Klappkarte. In einer Druckerei erledigen das riesige Maschinen, die Ihnen zu Hause natürlich nicht zur Verfügung stehen. Den Vorgang beim Falzen von Karton nennt man übrigens in der Fachsprache *Rillen*. Zu Hause behilft man sich meist mit Fingernagel oder Schere, dabei wird die Kante aber meist nicht so schön, und gerne platzt auch Farbe ab. Mit einem kleinen Hilfsmittel, dem *Falzbein*, gelingen hingegen saubere, glatte Kanten. Denn das Falzbein hat abgerundete Kanten, ist nicht so hart wie Metall und in der Buchbinderbranche seit Jahrhunderten im Einsatz. Sie finden so ein Werkzeug im Bastelbedarf für wenige Euro.

Ein Falzbein ist ein tolles Hilfsmittel, um Papier und Karton falten zu können. (Bild: www.gerstaecker.de)

Und so gelingt das Falzen Ihrer Karte:

1. Um »Fingertapser« zu vermeiden, waschen Sie sich vorher die Hände. Auch ohne Creme ist unsere Haut leicht fettig, und ein Glanzfotopapier verzeiht das nicht, Fingerabdrücke sind sehr deutlich sichtbar.

2. Falls noch nicht geschehen, schneiden Sie Ihre Karte zunächst auf Format. Wie das geht, haben wir schon in Kapitel 7, »Eine individuelle Karte im Postkartenformat gestalten«, auf Seite 146 beschrieben.

3. Jetzt klappen Sie die Karte um und legen die vorderen offenen Kanten passgenau übereinander. An der späteren Falzstelle, der Kante auf der linken Seite, sollte die Karte bei diesem Vorgang aber noch nicht richtig geknickt werden.

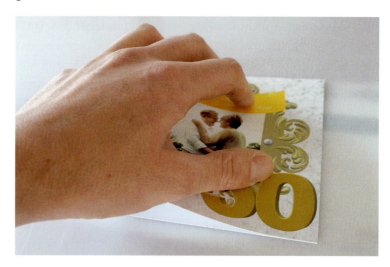

4. Im nächsten Schritt nehmen Sie das Falzbein (sofern vorhanden) und setzen es an der Außenkante an. Wichtig: Drücken Sie mit der anderen Hand die Karte so zusammen, dass die Kanten vorne nicht verrutschen können.

5. Fahren Sie nun mit dem Falzbein und mit Druck an der Kante entlang, Sie werden sehen, dass Sie eine saubere und glatte Falzkante erhalten.

Und damit ist Ihre Karte fertig. Beim Falzen ist auch immer etwas Übung angesagt. Verzweifeln Sie nicht, wenn der erste Falz nicht perfekt ist, und üben Sie ruhig an unbedrucktem Karton.

Kapitel 9

Trommeln gehört zum Geschäft – ein eindrucksvolles Plakat gestalten

Werbeplakate, Kinoplakate und Konzertplakate sind auch in digitalen Zeiten en vogue. Mit Paint 3D haben Sie das ideale Programm zur Hand, um auch Plakate für Ihr privates Umfeld zu gestalten. Denken Sie an den Musik- oder den Sportverein, bei dem Sie schon jahrelang Mitglied sind, oder an das nächste Fest, für das Sie nun die nächste Ankündigung professionell herstellen können. Wie – zeigen wir Ihnen auf den folgenden Seiten. Dieser Workshop hat es in sich. Sie sollten zuvor in jedem Fall schon das Projekt aus Kapitel 7, »Eine individuelle Karte im Postkartenformat gestalten«, absolviert haben.

Dieses Plakat gestalten wir gemeinsam – auch wenn es einfach aussieht, sind doch einige Raffinessen darin versteckt, die wir Ihnen Schritt für Schritt zeigen.

Das Dokument richtig anlegen

Wie bei allen Projekten gilt auch hier die Devise »Auf die Größe kommt es an«. Für unser Plakat haben wir uns für DIN A3 entschieden, was einer Größe von $29{,}7 \times 42$ Zentimetern entspricht. Für uns, mittlerweile Grafikexperten, heißt dies $3.508\,\text{px} \times 4.961\,\text{px}$, die wir nun in unserem Projekt in Paint 3D anlegen. Rechts finden Sie eine kleine Merkhilfe.

Zeichenbe...

1. Öffnen Sie zunächst ein neues Dokument in Paint 3D auf die übliche Weise, und klicken Sie in der Menüleiste auf **Zeichenbereich**.

2. In der Seitenleiste rechts ändern Sie unter **Zeichenbereichgröße ändern** ❶ die Werte bei **Breite** auf »3508px« und bei **Höhe** auf »4961px«. Um die Werte eingeben zu können, müssen Sie auch hier zuvor die Fixierung des Zeichenbereichs über das Schlosssymbol ❷ aufheben.

3. Jetzt legen wir den Hintergrund des Plakats an: Ziehen Sie dafür aus Ihrem *Bilder*-Ordner einfach das für Sie geeignete Bild mit gedrückter linker Maustaste auf die Zeichenfläche. Wir entscheiden uns für eine graue Ziegelwand, die wir uns bei *www.fotolia.com* besorgt haben. Der Ladeprozess kann einige Sekunden dauern, und Windows bittet um ein wenig Geduld.

4. Sobald das Bild geladen ist, ziehen Sie mithilfe der Positionspunkte ❸ das Bild so groß, dass der gesamte Zeichenbereich überdeckt ist. Sobald Sie außerhalb des Rahmens klicken, ist das Bild fest positioniert.

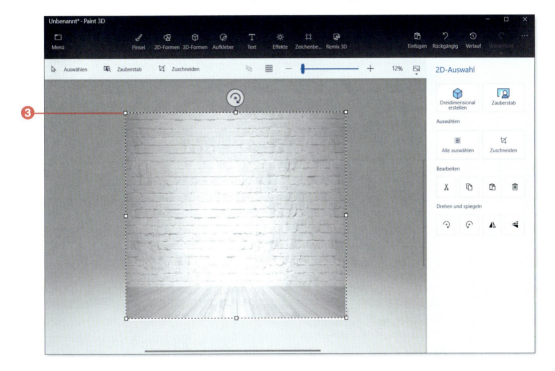

Zeichenbereich hat sich wieder verändert?

Achtung: Es kann passieren, dass sich durch das Laden des Hintergrundbildes die Größe des Zeichenbereichs ändert. Wenn das passiert, führen Sie einfach die vorigen Schritte zur Größeneinstellung des Zeichenbereichs noch einmal durch.

3D-Elemente grafisch bearbeiten und platzieren

Nun gehen wir zur grafischen Gestaltung des Plakats über. Wir starten damit, die Kiste zu platzieren.

Remix 3D

1. Klicken Sie in der Menüleiste auf den Button **Remix 3D**, um ein passendes Objekt anzufügen.

2. Klicken Sie in das Feld **3D-Modelle durchsuchen** ❶, und geben Sie dort den gewünschten Suchbegriff ein; in unserem Fall suchen wir nach einer Kiste.

3. Das Programm zeigt Ihnen einige Vorschläge, aus denen Sie auswählen können. Wir entscheiden uns für den Vorschlag *Kistenattrappe* und klicken auf die Grafik. Die Kistenattrappe wird nun geladen.

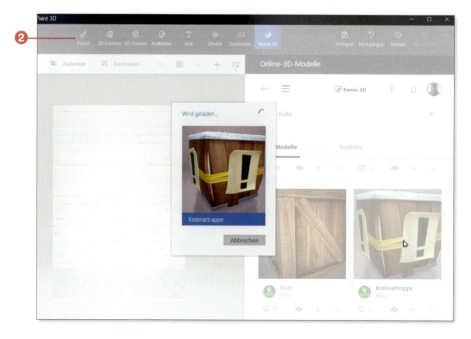

4. Mithilfe der Positionspunkte sowie der Rotationswerkzeuge bringen Sie die Kiste in die von Ihnen gewünschte Größe und Position.

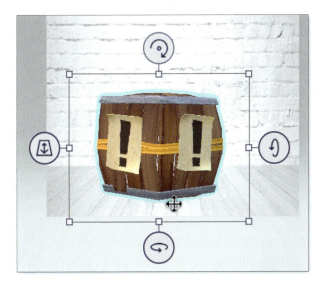

5. Nun ändern wir das Erscheinungsbild der Kiste: Klicken Sie dazu auf die Schaltfläche **Pinsel** ❷ in der Menüleiste (siehe Seite 180).

6. Im rechten Bildschirmbereich wählen Sie das Werkzeug **Ausfüllen** ❸ aus. Anschließend wählen Sie die Farbe Grün mit einem Mausklick auf das entsprechende Farbfeld ❹.

7. Danach klicken Sie mit der Maus nacheinander auf den Hintergrundbereich des Ausrufezeichens, das Ausrufezeichen selbst sowie die Befestigungsbänder. Das aktive Werkzeug wird mit einem Kreuz ❺ anstatt mit dem gewohnten Mauspfeil symbolisiert. Sie sehen, dass sich mit jedem Klick die Farbe des entsprechenden Bereichs sofort ändert. Klicken Sie einfach so oft auf die Bereiche, bis diese komplett grün eingefärbt sind.

8. Nun fixieren wir ein Logo oder auch eine Grafik (ein Bild) auf dem umgefärbten Bereich. Ziehen Sie es aus dem geöffneten Explorer-Fenster auf das Modell, und klicken Sie die Schaltfläche **Dreidimensional erstellen** an, damit Sie es frei bewegen und verschieben können.

9. Klicken Sie im nächsten Schritt auf das linke Verschieben-Werkzeug, und ziehen Sie das Logo so weit nach vorne, bis es gut sichtbar ist.

10. Danach ändern Sie mithilfe der Positionspunkte die Größe des Logos so, dass es auf den nun grün eingefärbten Hintergrund passt.

11. Jetzt duplizieren wir das Logo für die andere Seite der Kiste. Achten Sie darauf, dass das Logo (so wie in der Abbildung oben zu sehen) umrahmt ist und die Bewegungswerkzeuge sichtbar sind. Wenn das der Fall ist, klicken Sie rechts im Bereich **Bearbeiten** auf das zweite Werkzeug von links, das Kopieren-Werkzeug ❻. Danach klicken Sie auf das Einfügen-Werkzeug direkt daneben ❼.

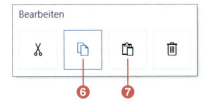

12. Sie sehen nun, dass eine Kopie erstellt und direkt auf das Originalbild bzw. -logo gelegt wurde. Mittels gedrückter linker Maustaste ziehen Sie das kopierte Logo nun auf den zweiten grün umgefärbten Hintergrund und positionieren es so, dass es gut aussieht.

13. Jetzt brauchen wir noch einen Bauarbeiterhelm. Gehen Sie dazu wie zu Beginn der Anleitung gezeigt vor, und geben Sie in **Remix 3D** den Begriff »Helm« ein (siehe auch Schritt 2 auf Seite 180). Wir entscheiden uns für den gelben Bauarbeiterhelm und klicken, um ihn genauer zu begutachten, auf das Augensymbol ❽ im unteren Bereich des Bildes.

14. Mit der Maus können wir in dieser Ansicht den Helm bewegen und so überprüfen, ob er wirklich in unsere Grafik passt. Wenn das der Fall ist, klicken Sie auf **Dieses Modell importieren** ❾, und schon erscheint er auf unserer Zeichenfläche. Nun können Sie ihn wie gewohnt mithilfe der Verschieben- und Rotationswerkzeuge platzieren und mit dem Pinselwerkzeug in Grün umfärben.

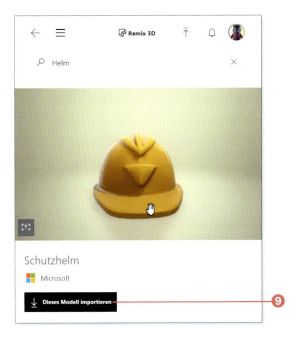

15. Nun färben wir das Emblem auf dem Helm (das umgedrehte Dreieck) um. Wir bleiben dafür im Bereich **Pinsel** und klicken auf das Werkzeug **Textmarker** ❿. Bei **Stärke** stellen Sie mit dem Schieberegler ⓫ die Dicke des Stiftes ein. Wir haben für die größeren Flächen 20 Pixel ausgewählt, für die Ränder, wo feinere Linien gefragt sind, 5 Pixel. Auch die Farbe wird logischerweise umgestellt, bei uns ist es Weiß.

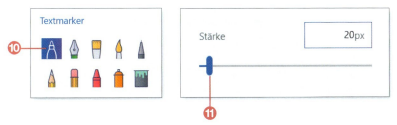

16. Um das Emblem wirklich genau ausmalen zu können, ändern Sie die Ansichtsgröße auf ungefähr 300 Prozent.

185

17. Sie sehen nun das Emblem ganz groß und können mit dem Ausmalen loslegen: Stellen Sie für Ihren Stift, wie gesagt, etwa 20 Pixel ein, und fahren Sie mit der Maus auf die auszumalende Fläche. Jetzt drücken Sie die linke Maustaste, halten diese gedrückt und fahren damit die Fläche ab, bis sie komplett eingefärbt ist. Für die Ränder stellen Sie die Pixelzahl auf 5 herunter und fahren die Randlinien ab. Sie sehen, dass der vorhandene Schatten automatisch als Schatten miteingefärbt wird.

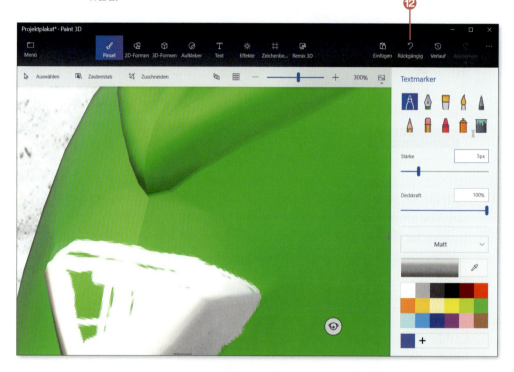

18. Sollten Sie beim Übermalen über die Fläche hinausgelangen, ist das kein Problem. Sie können entweder mit der Schaltfläche **Rückgängig** ⑫ in der Menüleiste Ihren letzten Pinselstrich wieder zurücknehmen, oder Sie bessern am Ende der Umfärbaktion mit der Grundfarbe Grün und dem Textmarker die verpatzten Stellen wieder aus. Wenn mit ein wenig Geduld und Fingerspitzengefühl das Werk vollendet ist, gehen Sie auf die 100-Prozent-Ansicht zurück und können Ihr Ergebnis bewundern.

19. Nun ergänzen wir unser Plakat mit weiteren 3D-Modellen aus dem
Bereich **Remix 3D** und färben sie ebenfalls um. Wir entscheiden uns
für zwei Bauarbeiter, die wir neben der Kiste platzieren, sowie einen
Lautsprecher und eine Sprechblase mit der Aufschrift **Huh?!**, die wir
in der Grafik anbringen. Sie sehen, dass wir sie jeweils mit der Farbe
Grün umgefärbt haben, damit sie in unser Gesamtkunstwerk passen.
Wenn Sie sich unsicher sind, schauen Sie einfach oben noch einmal
nach, wie es geht.

20. Zum Abschluss wird die Grafik exportiert. Gehen Sie dazu auf die Schaltfläche **Menü** ganz links in der Menüleiste, und wählen Sie den Punkt **Datei exportieren** ⑬ aus. Nun müssen wir uns für einen Dateityp entscheiden. Wir wählen **2D-PNG** ⑭ aus.

21. Sie gelangen damit in den *Bilder*-Ordner auf Ihrem PC. Dort speichern wir unsere Grafik mit dem Titel »Projektplakat« ab. Sie können natürlich einen eigenen Dateinamen dafür wählen. Klicken Sie schließlich, um Ihr Werk abzuspeichern, auf die Schaltfläche **Speichern** ⑮.

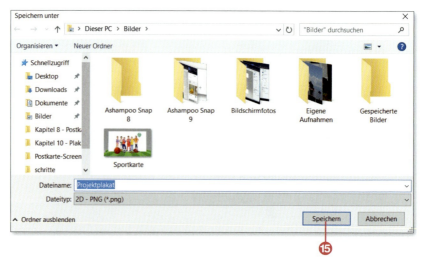

22. Damit ist Ihr Werk als separate Bilddatei exportiert und steht somit außerhalb von Paint 3D zur weiteren Bearbeitung auf dem Computer zur Verfügung. Ihr Projekt mit allen editierbaren Elementen speichern Sie zudem in Paint 3D über das Menü. Wählen Sie hier den Befehl **Speichern** und dann **Paint 3D-Projekt**. Danach kann Paint 3D geschlossen werden.

Paint 3D-Projekt

Das Dokument in Word einrichten

Für die Textgestaltung geht es auch in diesem Projekt wieder in die Textverarbeitung Microsoft Word, die Sie nun auch direkt öffnen.

1. Hier muss zunächst die Papiergröße auf DIN A3 eingestellt werden. Klicken Sie dazu auf den Reiter **Layout** ❶ und anschließend auf die Schaltfläche **Format** ❷. Es öffnet sich eine Liste, aus der Sie einfach **A3** ❸ mit einem Klick auswählen.

2. Als Nächstes importieren wir unsere zuvor im *Bilder*-Verzeichnis abgespeicherte Plakatgrafik in Word. Klicken Sie dazu im Reiter **Einfügen** auf die Schaltfläche **Bilder** ❹.

3. Damit gelangen Sie automatisch in Ihren *Bilder*-Ordner. Hier wählen Sie Ihr exportiertes Bild mit einem Klick aus; in unserem Fall ist es das *Projektplakat* ❺. Danach klicken Sie auf **Einfügen** ❻, und schon landet Ihr Bild in Ihrem Word-Dokument.

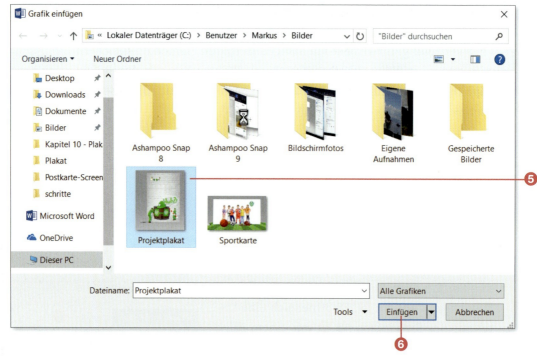

4. Jetzt definieren wir das soeben in unserem Dokument eingefügte Motiv als *Hintergrundbild*. Diese Einstellung ist entscheidend für die weitere Gestaltung, weil wir dadurch das Bild frei positionieren können. Klicken Sie dazu im Reiter **Format** auf die Schaltfläche **Textumbruch**. Es öffnet sich ein Auswahlmenü, in dem Sie auf **Hinter den Text** ⑦ klicken.

5. Vergrößern Sie das Bild mithilfe der Positionspunkte, bis es die gesamte Fläche bedeckt. Nutzen Sie dazu den Zoom-Schieberegler im rechten unteren Bildschirmbereich, um die Seite komplett im Blick zu haben.

Grafische Schallwellen in Word darstellen

Nun wollen wir den Lautsprechern Schallwellen hinzufügen. Gleich als Warnung vorweg: Dieser Teil wird etwas komplizierter, ist aber für unser Projekt auch nicht lebensnotwendig. Wenn Sie in Word noch nicht 100-prozentig fit sind, können Sie diesen Abschnitt auch überspringen.

1. Klicken Sie auf den Reiter **Einfügen** und anschließend auf die Schaltfläche **Formen**. In den **Standardformen** klicken Sie zunächst auf den Bogen ❶ und ziehen ihn dann mit gedrückter linker Maustaste auf Ihrem Plakat auf. Mit den Positionspunkten ❷ können Sie wie gewohnt seine Größe bestimmen.

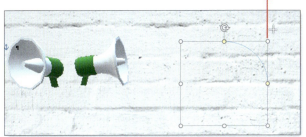

2. Nachdem wir drei Schallwellen benötigen, duplizieren wir das erste Objekt. Klicken Sie dazu mit der rechten Maustaste auf den aufgezogenen Bogen, und wählen Sie **Kopieren** ❸ aus dem Kontextmenü.

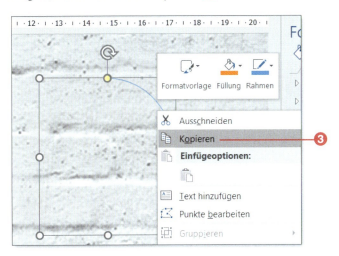

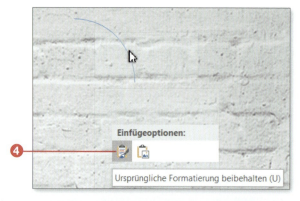

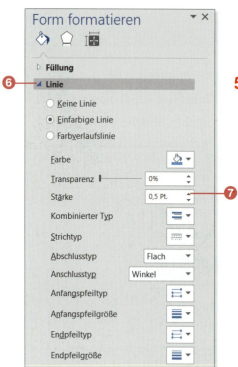

3. Anschließend gehen Sie mit dem Mauszeiger an die Position, an der Sie die Kopie erstellen wollen, und klicken erneut auf die rechte Maustaste. Es öffnet sich das Feld **Einfügeoptionen**. Hier wählen Sie die linke Option, **Ursprüngliche Formatierung beibehalten** ❹, mit einem Klick auf die linke Maustaste aus. Wiederholen Sie diesen Vorgang noch einmal, damit auch die dritte Schallwelle erscheint.

4. Um die erste Schallwelle zu formatieren, klicken Sie diese an und wählen im Register **Format** den winzigen Pfeil am Rand des Bereichs **Formenarten** aus ❺. Im rechten Bereich öffnet sich nun ein Formatierungsfeld.

5. Öffnen Sie die verschiedenen Optionen in diesem Formatierungsfeld zunächst mit einem Klick auf **Linie** ❻. Im Feld **Stärke** klicken Sie so lange auf den nach oben zeigenden Pfeil ❼, bis **4,5 Pt.** als Linienstärke eingestellt ist. Für den zweiten und dritten Bogen gehen Sie genauso vor, wählen hier aber nun **2,75 Pt.** und **1,5 Pt.** aus. Dass Sie jeweils den nächsten Bogen per Mausklick aktiviert haben, erkennen Sie an den gelben Markierungspunkten am Anfang und Ende des Bogens.

6. Klicken Sie in einem letzten Schritt Bogen für Bogen an, und ziehen Sie ihn an die gewünschte Position in Ihrem Plakat (also in die Nähe eines der Lautsprecher). Mit dem gedrehten Pfeilsymbol oben bringen Sie die Bögen noch in die jeweilig gewünschte Ausrichtung.

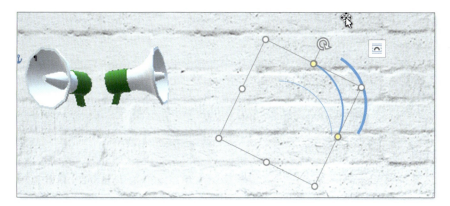

Ordnen Sie abschließend die Bögen nach Größe gestaffelt an wie hier abgebildet:

Textfeld mit Hintergrundstruktur

So – nun haben wir es bald geschafft. In den letzten Schritten geht es noch um die Beschriftung unseres Plakats:

1. Klicken Sie dazu im Reiter **Einfügen** auf das Icon für **WordArt** ❶. Es öffnet sich ein Feld, aus dem Sie gleich den ersten Vorschlag ❷ mit einem

Mausklick auswählen. Auf Ihrer Grafik erscheint nun ein Textfeld mit den Worten **Hier steht ihr Text**.

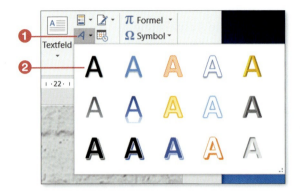

2. Markieren Sie diesen Text, und überschreiben Sie ihn mit Ihrem eigenen Text. (Wir haben unseren Plakattext »Wir werden größer« bis auf das ß in Großbuchstaben geschrieben.) Markieren Sie Ihren Text erneut, so erscheint ein Formatierungsfeld, mit dessen Hilfe Sie Ihren Text nach Ihren Vorstellungen formatieren können. Wir entscheiden uns für die Schriftart **Arial Black**, als Schriftfarbe ❸ für ein Blau unter den angebotenen **Designfarben** (**Blauer, Akzent 1**) sowie die Schriftgröße **72**.

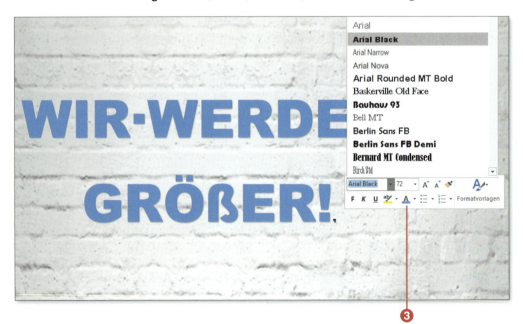

3. Nun passen wir das Textfeld noch an, indem wir es mithilfe des Dreh-
werkzeugs oben in die gewünschte Position bringen.

4. Für den zweiten Textblock klicken Sie erneut auf
den Reiter **Einfügen** und dann auf die Schaltfläche
Formen. Wählen Sie im Bereich **Rechtecke** den ersten
Vorschlag aus ④, ziehen Sie die Form mit der Maus
auf Ihrem Dokument auf, sodass Sie einen Balken
erzeugen. Führen Sie diesen Arbeitsschritt gleich
noch ein zweites Mal durch. Klicken Sie nun den
ersten Balken an, damit dieser umrahmt wird.

5. Nun klicken Sie im Register **Format** im Bereich **Formenarten** wie schon im
vorigen Abschnitt auf den kleinen Pfeil auf der rechten Seite ⑤. Rechts
neben Ihrem Dokument öffnet sich nun wieder das Formatierungsfeld.

6. Dort klicken Sie auf den Pfeil links neben **Füllung** ❻, um die Optionen anzuzeigen. Markieren Sie hier den Punkt **Bild- oder Texturfüllung** ❼ mit einem Mausklick.

7. Klicken Sie nun auf die Auswahlschaltfläche neben dem Feld **Textur** ❽.

8. Es öffnet sich ein Fenster mit unterschiedlichen Mustern, aus denen Sie sich eines aussuchen. Wir entscheiden uns als Muster für den ersten Balken für das dunklere Holz unten rechts ❾. Klicken Sie das entsprechende Feld an, und schon erscheint

der erste Balken in der entsprechenden Farbe. Führen Sie diesen Schritt noch ein weiteres Mal mit dem zweiten Balken durch (unter **Füllung** die Option **Bild- oder Texturfüllung** aktivieren und das Dialogfenster zu **Textur** öffnen), und wählen Sie diesmal aber einen helleren Holzton, z. B. **Eiche** ❿.

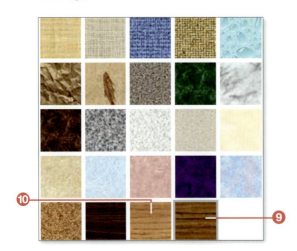

9. Danach drehen Sie den dunkleren Balken ein wenig und legen den helleren Balken darüber.

10. Zum Schluss beschriften wir unseren vorderen Balken wiederum mit WordArt. Das funktioniert ganz genauso, wie wir es zu Beginn dieses Abschnitts ab Seite 193 bei der Erstellung unseres ersten Textfeldes gezeigt haben. In unserem Beispiel haben wir dafür zwei WordArt-Grafiken platziert, um diese unterschiedlich zu formatieren.

11. Speichern Sie Ihr Projekt am Ende unter **Datei ▸ Speichern unter** ab. Wählen Sie einen Dateiort und einen passenden Dateinamen aus, und klicken Sie schließlich auf **Speichern**.

Das Plakat drucken und ein PDF erstellen

Wie kommt das A3-Plakat nun aufs Papier? Die Frage ist durchaus berechtigt, die Antwort darauf einfach: Am besten, Sie lassen Ihr Plakat in einem Copyshop drucken. Man kann zwar mit viel Mühe versuchen, das Plakat auf zwei DIN-A4-Seiten zu drucken und dann zusammenzukleben, das Ergebnis ist aber unbefriedigend. Zum Copyshop Ihrer Wahl bringen Sie aber nicht das Word-Dokument, sondern besser eine PDF-Datei. Dieses Dateiformat hat den Vorteil, dass es alles Notwendige für einen perfekten Ausdruck mit an Bord hat: Bild, Schrift und Grafik sind dabei wie in einem sicheren Koffer zusammengepackt. Ein Word-Dokument hingegen hat beispielsweise nie die verwendeten Schriften dabei – fehlen diese an einem anderen Computer, ist Ihr Layout kaputt. Daher zeigen wir, wie Sie aus Ihrem Plakat nun ein PDF erstellen.

1. Öffnen Sie das fertige Plakat in Word, und gehen Sie im **Datei**-Menü auf **Exportieren** ❶, anschließend auf **PDF/XPS-Dokument erstellen** ❷ und schließlich auf **PDF/XPS-Dokument erstellen** ❸.

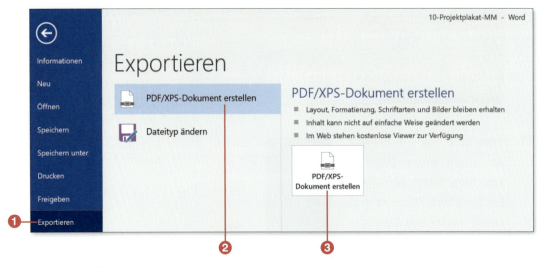

2. Im folgenden Dialogfeld wählen Sie einen Speicherort ❹ (beispielsweise das Laufwerk eines am Computer angeschlossenen USB-Sticks), vergeben einen **Dateinamen** ❺ und wählen als Dateityp **PDF** ❻.

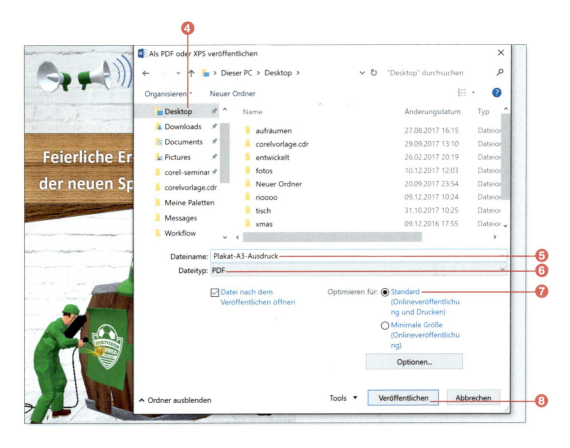

3. Die PDF-Einstellung belassen Sie auf **Standard** ❼, das ist für die Ausgabe zum Drucken die beste Einstellung. Um das PDF zu erzeugen, klicken Sie abschließend auf **Veröffentlichen** ❽.

4. Im Anschluss wird die PDF-Datei zur Kontrolle automatisch geöffnet. Haben Sie kein spezielles PDF-Programm installiert, schlägt Windows 10 den Internetbrowser **Edge** vor ❾. Ansonsten ist der **Acrobat Reader** ❿ die bessere Wahl.

TIPP

Acrobat Reader laden

Der Adobe Acrobat Reader ist zum Betrachten und für kleine Änderungen einer PDF-Datei die richtige Wahl. Die Software können Sie völlig kostenlos unter *https://get.adobe.com/de/reader* herunterladen.

Und damit wäre Ihr Plakat wirklich bereit, um vielfach gedruckt und dann natürlich auch aufgehängt zu werden.

Weitere Ideen für die Plakatgestaltung

Diese Preisliste für ein Fest wurde grafisch in Paint 3D mit den »Oktoberfest«-Elementen ausgestattet. In Word wurde dann die Preisliste gesetzt und eingebaut. Tipp für die Preisliste: Arbeiten Sie unbedingt mit Tabstopps in Word, damit die Preise schön untereinander gelistet sind.

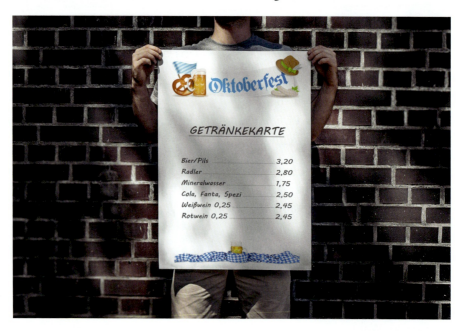

Dieses Plakat stellt einen Familienstammbaum dar. Hier wurde ein altes Foto (im Retro-Look) als Hintergrundbild eingefügt und im Vordergrund eine Baumgrafik sowie die runden Elemente platziert. Beides wurde aus **3D Remix** geladen, in Paint 3D arrangiert und dann in Word final beschriftet.

Kapitel 10
Schöne Porträtfotos erstellen

Mit dem Smartphone hat die Personenfotografie Dimensionen angenommen, die vor ein paar Jahren kaum vorstellbar gewesen wären. Die *Selfies* liegen voll im Trend, und kaum jemand kann sich diesem Trend verschließen. Die Bildergebnisse sind aber nicht unbedingt immer vorteilhaft und haben höchstens Unterhaltungswert. In diesem Kapitel wollen wir Ihnen anhand praktischer Beispiele zeigen, wie Sie wirklich schöne Porträtfotos erstellen. Viele dieser Tipps sind sowohl mit dem Smartphone als auch mit einer Digitalkamera umsetzbar und wirklich nicht kompliziert. So beeindrucken Sie nicht nur die porträtierten Personen, sondern sind in der Lage, tolles Fotomaterial für Ihre Kreativprojekte zu erstellen.

Fotolia: 125848527 © coldwaterman

Schöne Porträtfotos leicht gemacht mit unseren Tipps

Knollennasen ade – Gesichter ohne Verzerrung aufnehmen

Besonders mit dem Smartphone ist es schnell passiert – fotografierte Personen sehen auf dem Bild schließlich verzerrt aus. Besonders die Nasen erscheinen deutlich zu groß, und die Stirn geht ins Unendliche. Bei Gruppenaufnahmen wirken die Personen am Rand zudem doppelt so dick wie in Wirklichkeit. So möchte sich eigentlich niemand sehen. Doch auch mit jedem anderen Fotoapparat kann dieser Effekt auftauchen. Woran liegt das? Das Phänomen ist rein physikalisch bedingt – diese Art von Aufnahmen sind mit einem Weitwinkelobjektiv bei geringem Abstand aufgenommen.

Links: ziemlich unvorteilhaft – Weitwinkelaufnahmen sind bei Porträtfotos nicht vorteilhaft. Rechts: viel besser – die gleiche Person mit etwas Zoom und Abstand fotografiert. (Bilder: Dennis Wendlinger)

Weitwinkelobjektive haben den Vorteil, dass viel Bildinformation auf das Bild passt. Perfekt bei Landschaftsaufnahmen, eher unschön bei Personenfotos.

Bei der Digitalkamera verhindern Sie diesen Effekt, indem Sie ein wenig heranzoomen und gleichzeitig den Abstand zur fotografierten Person erhöhen. Für Profis: Eine Brennweite ab 70 Millimetern sorgt für unverzerrte Personenbilder.

Beim Smartphone ist aufgrund der kompakten Bauweise kein Zoom verbaut. Unverzerrte Fotos erhalten Sie nur, wenn Sie den Abstand zur fotografierten Person erhöhen. Für Selfie-Liebhaber: Der Arm als Abstandshalter allein funktioniert da nicht. Drücken Sie Ihr Mobiltelefon lieber einer anderen Person in die Hand, dann erhalten Sie auch wirklich gute Fotos!

Fotolia: 180014874 © Syda Productions

Eher nicht so toll – der »Selfie-Arm im Bild« und verzerrte Personen an den Rändern.

Ebenso entscheidend für ein gutes Porträtbild ist übrigens der Kamerastandpunkt. Gute Porträts gelingen immer, wenn sich Fotograf und Model auf einer Höhe befinden. Von unten fotografiert, herrscht selbst bei schlanken Personen »Doppelkinn-Alarm«.

Deutlich zu sehen – von unten fotografiert, bekommen Gesichter schnell ein Doppelkinn. (Bild: Dennis Wendlinger)

Ruhiger Hintergrund

Ein Porträtfoto wirkt dann besonders eindrucksvoll, wenn der Fokus voll und ganz auf der fotografierten Person liegt. Erste Regel ist daher, dass der Bildhintergrund so ruhig wie möglich ist. Alles andere lenkt ab und wirkt schnell unruhig. Nicht umsonst ist im Fotostudio der Hintergrund bei Porträtaufnahmen meist komplett einfarbig und ohne Struktur. Daher: Wenn die Möglichkeit besteht, positionieren Sie die Person vor einem möglichst neutralen Hintergrund.

Übrigens ist auch die Eiche-massiv-Wohnwand von Oma bei der Familienfeier nicht unbedingt die beste Kulisse für gute Porträtfotos. Einfach rausgehen, ein schönes Plätzchen suchen und die Familie dort ablichten.

Auch wenn der Hintergrund recht unscharf ist, wirklich gelungen ist die Kulisse des linken Fotos nicht. Rechts ist es gut: Die fotografierte Person kommt dank des neutralen Hintergrunds sehr schön zur Geltung. (Bilder: Dennis Wendlinger)

Das »fotografische Freistellen« ist eine Alternative, wenn der Bildhintergrund nicht so fix ausgetauscht werden kann. Mit dieser Technik wird eine möglichst große Blendenöffnung in der Kamera gewählt. Damit wird nur ein geringer Teil des Bildes scharf, der Rest verschwimmt. Mit einer Spiegelreflexkamera oder einer größeren Kompaktkamera wird dieser Effekt folgendermaßen erzielt: Wenn Sie sich nicht oder noch nicht so gut auskennen, drehen Sie das Wahlrad für den Kameramodus auf die Porträtfunktion ❶. Damit gelingen gute Bilder ganz automatisch. Alternativ, je nach Modell, kann diese Funktion auch im Menü ausgewählt werden. Damit versucht die

Kamera, den gerade erklärten Effekt zu erzielen, was aber nicht immer gelingt. Letztlich ist die Automatik einfach nicht intelligent genug.

Profis können den Effekt an der Spiegelreflexkamera hingegen direkt einstellen und gezielter steuern: Je größer die Blendenöffnung eingestellt wird, desto verschwommener wird der Bildhintergrund. Große Blendenöffnungen werden paradoxerweise mit einer kleinen Zahl bezeichnet, beispielsweise 2.8 – 3.2 – 5.6. Übrigens, auch wenn Sie sich in Sachen manueller Fotografie noch nicht auskennen, können Sie anhand dieser Zahlen an Ihrer Kamera experimentieren.

Auch die meisten aktuellen Smartphones haben einen Porträtmodus eingebaut. Manuelle Einstellmöglichkeiten sind hier nicht vorhanden, da die Blendenöffnung der Mobiltelefone nicht verstellbar, sondern fest justiert ist. Die intelligente Technik der Kamera versucht daher, die fotografierte Person und den Hintergrund zu trennen und mit einem digitalen Weichzeichner nachzuhelfen.

Im linken Bild ist der Hintergrund zu dominant. Mit großer Blendenöffnung (rechts) wirkt das Bild gleich viel ruhiger. (Bilder: Dennis Wendlinger)

Marmelade, Spaghetti und Cheese – keine gestellt lustigen Bilder, bitte!

»Und jetzt bitte alle ganz spontan sein« – man kennt diese Floskel bei der Aufnahme von Familienfotos jeglicher Art. Diese Aufforderung führt aber meist dazu, dass die Protagonisten vor der Kamera noch mehr verkrampfen. Denn die meisten Menschen lassen sich nicht gerne fotografieren. Daher unsere Tipps:

1. Wenn möglich, machen Sie spontane Bilder, ohne dass die Personen es bemerken. Und vor allem: Sagen Sie vor dem Abdrücken des Auslösers der Kamera nicht »Jetzt« – sonst erhält man mit Sicherheit ein verkniffenes Gesicht.

Nicht natürlich – man neigt dazu, vor der Kamera schnell zu verkrampfen. (Bild: Dennis Wendlinger)

209

2. Oder lenken Sie Ihre Fotomodelle ganz bewusst ab. Nehmen Sie sich etwa einen »Assistenten« zur Hand, der neben und hinter Ihnen Faxen macht. Was albern klingt, wirkt in der Praxis beim Fotografieren wahre Wunder. Die fotografierte Person wird natürlich lachen, und Sie können abdrücken, wenn die Mimik perfekt ist.

Viel natürlicher: Spontan fotografiert ist die beste Wahl.
(Bild: Dennis Wendlinger)

3. Vermeiden Sie einen Massenauflauf. Wenn Sie alle Familienmitglieder oder Vereinsmitglieder nacheinander ablichten sollen, sorgen Sie dafür, dass auch immer nur die zu fotografierende Person im Raum ist und nicht zehn weitere herumstehen und das Geschehen kommentieren.

Digitale Schönheitskorrektur

Glauben Sie, dass Sie nichts glauben dürfen. Sämtliche Bilder in der Werbung und in Magazinen sind in der Regel nachbearbeitet. Teilweise so übertrieben, dass selbst 60-Jährige keine einzige Falte im Gesicht haben. So etwas wird natürlich mit einer Fotonachbearbeitung erledigt. Leider kann die von Windows mitgelieferte Fotos-App hier nichts ausrichten. Für die Porträtretusche benötigt man ein Spezialprogramm. Eines davon werden wir Ihnen auf den folgenden Seiten kurz vorstellen, um Ihnen damit einen kleinen Einblick in die faszinierende Welt der Fotobearbeitung zu geben. Dabei legen wir Wert darauf, dass hier nichts übermäßig verfälscht, sondern das fotografierte Gesicht von kleinen Unreinheiten befreit wird und beispielsweise Zähne aufgehellt werden. Wir finden, das Ziel einer Nachbearbeitung sollte immer sein, dass der oder die Porträtierte sich einfach gefällt und nicht den Eindruck hat, man hat bergeweise Falten weggezaubert.

Wir haben uns für diesen kleinen Exkurs für den *MakeupDirector 2* von CyberLink entschieden. Sie können die Software unter *www.cyberlink.com* herunterladen und 30 Tage lang ausprobieren. Mit 50 € Kaufpreis ist sie zudem recht günstig zu haben.

Der MakeupDirector bringt Porträtfotos in Bestform. (Bild: CyberLink)

Also legen wir los:

1. Starten Sie die Software MakeupDirector aus dem Windows-Startmenü. Im Startbildschirm der Software klicken Sie auf **Foto importieren** ❶ und suchen über den Explorer das gewünschte Porträtbild aus. Dieses wird im Anschluss direkt in die Software geladen.

> **TIPP**
>
> **»MakeupDirector 1« gratis für Vierfarben-Leser!**
>
> CyberLink schenkt Ihnen den *MakeupDirector 1*. Wie Sie die Software beim Hersteller gratis herunterladen, erfahren Sie am Ende dieses Buchs, auf Seite 285.

2. Bevor Sie starten, gehen Sie in der unteren Leiste auf den Vorschau-button für **Geteilt – Links/Rechts** ➋. Ihr Foto wird dann mittig mit einer Linie geteilt. Links bleibt immer das Originalbild **Vorher** ➌ zum Vergleich stehen, rechts sehen Sie die Änderung **Nachher** ➍.

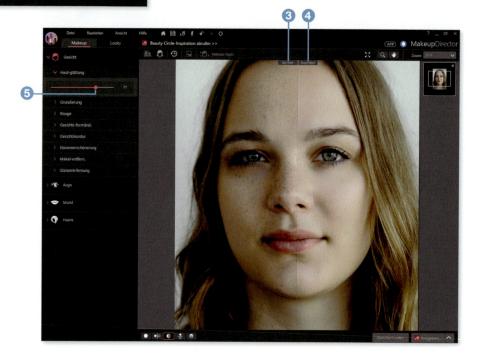

3. Starten Sie nun in der linken Palette mit der **Hautglättung**. Ein Klick darauf öffnet weitere Optionen. Verwenden Sie zunächst den Schieberegler ❺, und schauen Sie, wann die Haut der porträtierten Person die gewünschte Glätte erhält. Spannend sind auch die weiteren Möglichkeiten für die **Gesichtskontur**, **Nasenverschönerung** oder auch **Glanzentfernung**. Probieren Sie diese einfach aus, das macht Spaß. Passen Sie aber auf, dass Sie die Effekte nicht zu stark anwenden, und behalten Sie daher immer das Originalbild links ❸ im Blick.

4. Die weiteren Punkte in der linken Seitenleiste sind selbsterklärend. Der MakeupDirector macht seinem Namen natürlich alle Ehre, und Sie können auf Wunsch die schönsten Schminkideen realisieren.

Zwischen diesen Specials finden Sie aber immer wieder auch handwerkliche Korrekturen, die sowohl für Männer als auch für Frauen perfekt sind.

5. Sind Sie mit Ihrer Arbeit fertig, gehen Sie auf das **Datei**-Menü ❻ und in jedem Fall auf **Foto speichern unter** ❼, damit Sie Ihr Originalfoto nicht überschreiben.

Sie sehen, dass man mit der digitalen Fotobearbeitung ein schönes Bild tatsächlich noch schöner machen kann. Und die porträtierte Person wird es Ihnen danken.

Kapitel 11
Bilder als Diashow und Fotobuch präsentieren

Früher war das etwas einfacher. Nach dem Urlaub gab man die vier Filme zum Entwickeln und bekam dann Papierbilder oder Dias quasi präsentationsbereit zurück. Heute macht man mit dem Smartphone oder der Digitalkamera locker mal 1.000 Bilder pro Urlaub – und kaum eines findet den Weg in eine Präsentation, ein Fotobuch oder auf einen klassischen Fotoabzug. Wir finden: Das ist schade, denn tatsächlich bietet die Digitalfotografie in Verbindung mit Windows 10 tolle Möglichkeiten, die schönsten Schnappschüsse vom Smartphone oder der Kamera-Speicherkarte auch Freunden, Verwandten und Bekannten zu zeigen. Außerdem ist gerade ein Fotobuch das perfekte und persönliche Geschenk. Das Gestalten von digitalen Diashows und Fotobüchern macht viel Spaß, und wir bringen Ihnen das notwendige Wissen auf den folgenden Seiten nahe. Idealerweise haben Sie vorher schon einen Blick in Kapitel 2, »Digitale Fotos auf den Computer übertragen«, geworfen; diese Grundlagen setzen wir für das hier folgende Kapitel voraus.

10.000 Bilder auf dem Smartphone? So zeigen Sie die schönsten Momente!

Fotolia: 144868198 © adimas

215

Ganz ohne Diakasten: mit der Fotos-App eine digitale Fotoshow vorbereiten

Der eine oder andere dürfte das noch kennen – »Diaabende« mit Leinwand und Diaprojektor zur Präsentation der Urlaubsbilder waren meist wenig spannend: Oftmals klemmten die Dias im Projektor, und der einzige »Special Effect« war ein kopfstehendes Dia. Heute steht in jedem Haushalt jedoch ein viel besserer »Diaprojektor« bereit: der Flachbildfernseher. Und statt Diamagazinen haben Sie Ihre flexible digitale Bildersammlung am Start. Sie werden sehen, wie schnell der vergangene Urlaub zur spektakulären und kurzweiligen Fotoshow wird, die garantiert bei den Betrachtern keine Langeweile aufkommen lässt. Und das benötigen Sie:

- die Fotos-App von Windows 10
- eine kreativ zusammengestellte Fotoshow
- einen Computer mit einem zweiten Monitoranschluss und einem Adapterkabel auf HDMI, um den TV ansteuern zu können
- einen Flachbildfernseher oder Beamer, der mit HDMI-Kabel angesteuert werden kann

Und nun geht es an die Vorbereitung für die perfekte Fotopräsentation. Wir gehen davon aus, dass Sie Ihre Fotos bereits, wie in Kapitel 2, »Digitale Fotos auf den Computer übertragen«, beschrieben, erfolgreich auf Ihren Computer übertragen und in der Software gespeichert haben.

1. Starten Sie die Fotos-App wie gewohnt aus dem Windows-Startmenü. In der App angekommen, klicken Sie auf **Erstellen** ❶ und **Album** ❷.

2. Im folgenden Bildschirm sehen Sie nun alle Ihre Bilder, automatisch nach Datum und nach von der App erstellten Sammlungen geordnet. Wählen Sie dort per Klick in das kleine Kästchen ❸, das bei jedem Bild angezeigt wird, Ihre Wunschmotive aus. Darüber sehen Sie immer die aktuell gewählte Anzahl ❹.

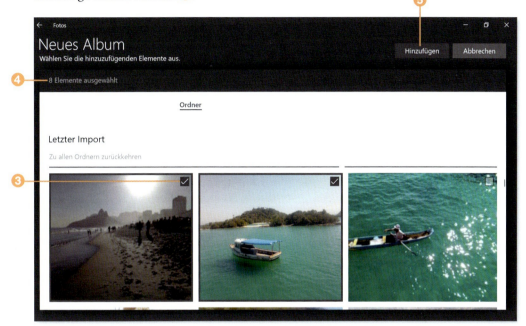

3. Haben Sie alle Fotos markiert, klicken Sie rechts oben auf die Schaltfläche **Hinzufügen** ❺. Sie gelangen sofort in den **Album**-Bereich mit allen ausgesuchten Bildern.

TIPP

Weniger ist mehr

Achten Sie bei der Bildauswahl darauf, dass diese spannungsgeladen und auf Wesentliches konzentriert ist. Niemand mag den gleichen Sonnenuntergang zehnmal in verschiedenen Versionen sehen, und auch der Wiener Stephansdom muss nicht aus sämtlichen Perspektiven gezeigt werden. Beschränken Sie sich für eine Fotoshow vom Urlaub auf ca. 100 Bilder. Mit Erzählungen dazu füllt man locker 30 bis 40 Minuten.

4. Im Album-Bereich ändern Sie noch den Namen der Fotoshow ab. Markieren Sie mit gedrückter Maustaste den dort angezeigten Namen, und tippen Sie einen passenden Titel ein ❻.

5. Unter dem Vorschaubild befindet sich die Schaltfläche **Bearbeiten**. Klicken Sie darauf, um den Editorbereich für die Fotoshow zu starten. Der Editorbereich ist wie folgt aufgebaut:

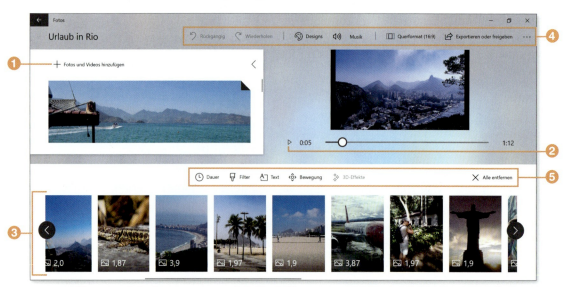

① Links oben fügen Sie per Klick auf **Fotos und Videos hinzufügen** jederzeit neues Material hinzu. Achtung: Diese Objekte landen nicht direkt unten in der Fotoshow, sondern genau in diesem Bereich. Von dort ziehen Sie die Bilder einfach nach unten auf den gewünschten Platz in Ihrer Show.

② Rechts starten Sie mit Klick auf den Abspielbutton jederzeit eine Vorschau der gesamten Show.

③ In der unteren Leiste sehen Sie sämtliche für die Show bereits gewählten Bilder in der aktuellen Reihenfolge. Leider zeigt das Programm alle Bilder im Hochformat an, auch wenn diese im Querformat vorliegen und später in der Show auch korrekt dargestellt werden.

④ In der Menüzeile stehen mehrere Optionen zur allgemeinen Gestaltung der Show bereit.

⑤ Zudem finden Sie oberhalb der Bildübersicht eine Leiste mit Optionen, die sich auf das jeweils ausgewählte Bild beziehen. Zu den in den beiden Leisten zur Verfügung stehenden Bearbeitungsfunktionen erfahren Sie später mehr.

Windows 10 wählt standardmäßig bereits das Design **Lässig** ⑥, das die Bilder Ihrer Fotoshow bläulich einfärbt. Das ist unnötig, daher ändern Sie es mit einem Klick in der oberen Menüleiste des Editorbereichs der Fotos-App auf **Designs** (siehe die untere Abbildung auf Seite 218). Hier wählen Sie dann am besten **Kein Design** ⑦ aus, damit die Farben naturgetreu abgebildet werden.

Lassen Sie uns jetzt die Bildreihenfolge festlegen und anschließend mit einigen Bearbeitungsschritten daraus eine richtige Show kreieren.

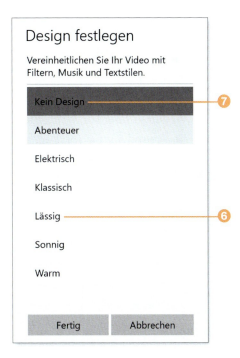

219

1. Um ein Bild zu verschieben, klicken Sie es in der unteren Leiste an, halten die Maustaste gedrückt und ziehen das Bild an die gewünschte Stelle. Der Platz dafür wird automatisch freigeräumt. Am Tablet tippen Sie das Bild mit dem Zeigefinger etwas länger an und verschieben es. Soll ein Foto weit nach vorne oder hinten in Ihrer Sammlung verschoben werden, fahren Sie einfach per gedrückter Maustaste mit dem Bild an den Programmfensterrand – die App scrollt dann automatisch nach vorne bzw. nach hinten.

2. Die Fotos-App verwendet für die Anzeigedauer der Bilder Werte nach dem Zufallsprinzip. Diese können aber pro Bild separat eingestellt werden. Markieren Sie ein Foto mit einem einfachen Klick, wählen Sie **Dauer** ❶ aus, und legen Sie die Zeit individuell fest. Ein Wert von ungefähr 10 Sekunden ist praxisgerecht. Es kommt Ihnen beim Erstellen vielleicht lang vor, beim späteren Präsentieren im Freundeskreis verfliegen 10 Sekunden aber sehr schnell.

3. Mit der Schaltfläche **Filter** ❷ gelangen Sie auf einen neuen Bildschirm, um das gewählte Foto blitzschnell farblich zu verändern. Wir haben hier einen eleganten Schwarz-Weiß-Effekt ❸ gewählt. Ein Klick auf **Fertig** ❹ überträgt die Änderung. Wichtig: Dieser Effekt wird nicht in das Originalbild gespeichert, sondern nur in der Fotoshow.

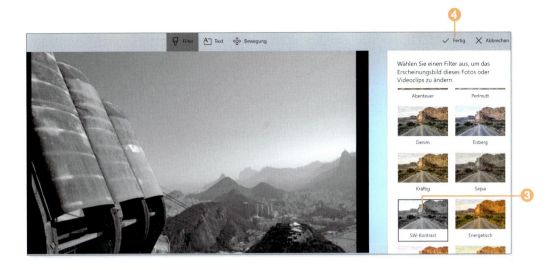

4. Auf dem gleichen Weg fügen Sie einem Bild einen **Text** ❺ hinzu. Beispielsweise, um Ihrer Show Kapitelunterteilungen zu geben oder einen Begrüßungstext auf das erste Fotomotiv zu setzen. Auch hier stellt die Fotos-App einige voreingestellte Effekte bereit. Tippen Sie in das Textfeld ❻ Ihre Botschaft ein, wählen Sie im Anschluss daran eine Textanimation ❼ und danach eine Position für den Schriftzug ❽. Mit einem Klick auf **Fertig** ❾ wird die Änderung übernommen.

ACHTUNG

Keine Vorschau in der Bildübersicht

Leider können Sie in Ihrer Bildübersicht nicht erkennen, welchem Bild ein Text hinzugefügt wurde. Sie müssen sich das daher gut merken. Erst wenn ein entsprechendes Bild angeklickt wird, sehen Sie im großen Vorschaufenster den Schriftzug.

5. Um die Fotoshow lebendiger zu gestalten, steht mit der **Bewegung** ❿ ein weiteres Hilfsmittel bereit. Die Optionen sind vielfältig – Sie können in das Bild hinein- oder aus dem Bild herauszoomen oder es in alle Richtungen schwenken. Diese beispielhaft genannten Effekte sind alle etwa für Panoramabilder optimal. Die Effektdauer wird von der vorher eingestellten Anzeigedauer (siehe Schritt 2 auf Seite 220) bestimmt.

Damit hätten wir die wichtigsten Schritte erledigt. Ihre Fotoshow wird übrigens dynamisch, ohne Ihr Zutun, regelmäßig gespeichert. Sie können daher jederzeit die Fotos-App beenden und danach weiter an Ihrer Präsentation arbeiten.

Fotoshow exportieren und präsentieren

Sind Sie mit Ihrer Fotoshow zufrieden, dann geht es an die Präsentation. Dazu wird Ihre Fotoshow als Videodatei exportiert, die später auf nahezu jedem Computer oder TV wiedergegeben werden kann.

1. Sollten Sie die Fotos-App verlassen haben, starten Sie diese und wählen aus dem Startbildschirm im Bereich **Sammlung** ❶ Ihr soeben erstelltes Album aus ❷. Es kann sein, dass Sie ein wenig nach rechts scrollen müssen, da das Programm die neuesten Werke ganz hinten in dieser Schnellübersicht ablegt.

2. Klicken Sie in der folgenden Übersicht wieder auf den **Bearbeiten**-Button. Der Editorbereich für die Fotoshow wird geladen.

3. Hier wählen Sie in der oberen Menüleiste **Exportieren oder freigeben** aus.

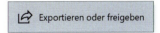

4. Die Exportmöglichkeiten sind überschaubar, es stehen drei verschiedene Exportgrößen parat. Wählen Sie immer **L** ❸, wenn Sie später ein pixelfreies, scharfes Video erhalten wollen. Ein Klick darauf startet die Videoerstellung. Je nach Computer und Bilderanzahl kann der Vorgang mehrere Minuten oder auch ein bis zwei Stunden dauern.

5. Nach Fertigstellung haben Sie die Möglichkeit, das Video in der Fotos-App anzusehen ❹, die Datei im Explorer zu betrachten ❺ oder das Video in Facebook und Co. hochzuladen ❻. Das Video steht übrigens automatisch in der Sammlung Ihrer Fotos-App parat.

Mit der Videodatei sind Sie nun für Ihren Fotoshow-Abend maximal flexibel, denn die von der Fotos-App erstellte Videodatei kann, wie gesagt, auf fast jedem Computer abgespielt werden, und auch die meisten Flachbildfernseher haben einen USB-Anschluss, über den man das Video per USB-Stick abspielen kann.

Die beiden besten Möglichkeiten zur Fotopräsentation sind folgende:

1. **Per USB-Stick:** Kopieren Sie die Videodatei auf einen USB-Stick, und stecken Sie diesen am TV-Gerät ein. So muss kein Computer verkabelt werden, und das klappt auch bei Freunden und Bekannten. Unbedingt aber vorab prüfen, ob das gewünschte TV-Gerät auch wirklich vom USB-Stick Videos abspielen kann. Bei günstigen TVs kann es nämlich passieren, dass die Wiedergabe stark ruckelt.

2. **Per Computer und HDMI-Kabel:** Jeder moderne Flachbildfernseher oder Beamer hat einen Eingang für das HDMI-Signal und jedes Notebook oder Tablet einen entsprechenden Ausgang. Mit dem richtigen Kabel wird das Bild dann direkt auf den Fernseher

Es gibt unterschiedlich große HDMI-Stecker. (Bild: Amazon)

übertragen. Auch hier gilt: Kabel checken, denn die HDMI-Anschlüsse am TV und Computer sind unterschiedlich, hier gibt es verschiedene Größen zur Auswahl. Fragen Sie am besten im Elektrohandel nach, wenn Sie sich unsicher sind.

Und so geht es dann weiter:

1. Haben Sie den zweiten Bildschirm, also das TV-Gerät bzw. den Beamer, angeschlossen, müssen Sie in Windows 10 noch die Wiedergabe regeln. Klicken Sie in das Feld **Benachrichtigungen** ❶ und im sich öffnenden Info-Center auf **Projizieren** ❷.

2. Hier wählen Sie am besten aus, dass Sie die Anzeige duplizieren wollen ❸. Damit wird auf dem Notebook, Tablet oder PC das identische Bild angezeigt wie am TV oder Beamer. Es kann sein, dass sich die Auflösung Ihres Bildschirms etwas verändert und sich an den zweiten Bildschirm anpasst. Wird der zweite Bildschirm später wieder abgeschaltet, wechselt auch die Auflösung an Ihrem Computer wieder zurück in den Normalzustand.

Stressfreie Fotopräsentation

Aus Erfahrung sagen wir: Wenn Sie im Kreise Ihrer Liebsten eine Fotoshow zeigen möchten, probieren Sie am besten vorher aus, ob das technische Gerät auch wirklich funktioniert. Also ob die Fotoshow auf dem gewünschten TV perfekt angezeigt wird, auch wirklich eine Abspielmöglichkeit per USB-Stick oder HDMI-Kabel über den Computer gegeben ist, das Werk nicht ruckelt und der Ton stimmt. Nichts ist ärgerlicher, als wenn alle gespannt bereitsitzen und man dann mit diesen Schwierigkeiten kämpft. Testen Sie lieber einen Tag zuvor in Ruhe.

Mit diesem Wissen ausgestattet, steht einer tollen Fotoshow mit Ihren Bildern nichts mehr im Wege. Legen Sie doch einfach einmal direkt los.

Für alle, die mehr wollen: kleiner Überblick über tolle Fotoshow-Programme

Sie haben gerade gelernt, wie man mit der Fotos-App recht schnell eine schöne Bildershow erstellen kann. Die kreativen Spielräume sind hier aber zugegebenermaßen etwas eingeschränkt. Sollten Sie Gefallen an dieser tollen Präsentationsmöglichkeit für Ihre schönsten Bilder gefunden haben, lohnt sich die Investition in spezielle Fotoshow-Programme, die deutlich mehr leisten und Ihre Fotos fast spielfilmreif präsentieren. Als kleinen Blick über den Tellerrand stellen wir Ihnen drei kostengünstige und einfach zu bedienende Programme vor.

Movavi Slideshow Maker

Im Vergleich zur Fotos-App von Windows 10 bietet die Movavi-Software deutlich mehr kreativen Spielraum bei ähnlich unkomplizierter Bedienung. Knapp 100 verschiedene Bildübergänge sowie 150 Spezialeffekte werden per Mausklick Ihrer Bildzusammenstellung hinzugefügt. Ebenso erfolgt die

Fertigstellung Ihres Meisterwerks mit wenigen Mausklicks in verschiedenen gängigen Videoformaten. Ein direktes Brennen als DVD ist nicht möglich. Unter *www.movavi.de* kann die Software zum Testen gratis geladen und bei Gefallen für knapp 50 € erworben werden. Insgesamt ist die Software perfekt für alle Anwender, denen die Fotos-App zu wenig kreativen Spielraum bietet, denen aber trotzdem eine einfache Bedienung und ein schnelles Ergebnis wichtig sind.

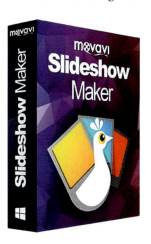

Einfache Bedienung und poppige Programmoberfläche beim Movavi Slideshow Maker. (Bild: Movavi)

Übersichtlich und für Einsteiger ideal – die Programmoberfläche der Movavi-Software. (Bild: Movavi)

Magix PhotoStory Deluxe

Seit Jahrzehnten ist das Magix-Programm ein Klassiker für alle, die ihre Fotos gerne digital präsentieren. Es warten rund 1.500 Effekte und Fotoblenden darauf, kreativ eingesetzt zu werden. Zudem sorgen bereits vorgefertigte Soundtracks und Drehbücher dafür, dass Ihre Show zum spektakulären Ereignis wird. Die Fotos werden auf verschiedenen Spuren angeordnet, zusätzlich kann eigene Musik ergänzt und können sogar Videos hinzugefügt

Ein Klassiker: Magix PhotoStory Deluxe. (Bild: Magix)

werden. Auch Texteinblendungen, Kamerafahrten und Intros sind auf vielfältige Weise realisierbar. Aufgrund des großen Funktionsumfangs lohnt es sich, als Einsteiger zunächst im Modus für Beginner durchzustarten. Der Export der Show gelingt per Klick auf Facebook, YouTube, DVD oder USB-Stick in allen gängigen Videoformaten. Die Software kann unter *www.magix.com* zum Testen heruntergeladen oder für ca. 40 € auch direkt erworben werden. Unser Tipp für alle Einsteiger, die mehr wollen.

Der Funktionsumfang der Software ist enorm, die Bedienung daher für Einsteiger nicht immer ganz ohne Hürden. (Bild: Magix)

Aquasoft Diashow 10 Premium & Ultimate

Eher ein Geheimtipp stellt die Software Diashow in der aktuellen Version 10 dar. Das Unternehmen stellt nur diese Software her und hat sich daher ganz der Fotopräsentation verschrieben. Wer ambitioniert an dieses Thema herangehen will, ist mit diesem Programm bestens bedient. Eine besondere Spezialität ist die Reiserouten-Animation oder die Möglichkeit, mit Partikelfiltern beispielsweise bewegten Rauch, Dampf oder Schneefall Ihren Fotos hinzuzufügen. Die integrierte Fotobearbeitung und zahlreiche Sortierfunktionen für umfangreiche Fotoshows runden dieses Komplettpaket für den perfekten digitalen Diaabend ab. Die Ausgabe des fertigen Werks erfolgt auch hier in gängigen Videoformaten auf die Festplatte oder auf CD und DVD bzw. USB-Stick. Die Software steht unter *www.aquasoft.de* ab 50 € zum Kauf bereit und kann zuvor gratis getestet werden. Unser Tipp für Fortgeschrittene.

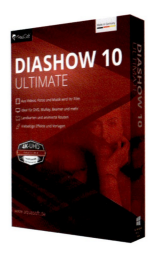

Für Fortgeschrittene: Aquasoft Diashow 10. (Bild: Aquasoft)

Effektsteuerung bis ins letzte Detail – hier bleibt kein Wunsch offen. (Bild: Aquasoft)

Fotobuch – große Freude selbst gemacht

Ein Fotobuch ist eine schöne Sache. Egal, ob als Geschenk oder für die eigenen Erinnerungen – das gedruckte Buch ist einfach etwas Besonderes und nicht mit einer Fotoshow am Computer oder Fernseher zu vergleichen. Gemeinsam in einem Fotobuch zu blättern ist ein besonderes Erlebnis – das Gefühl, die schönsten Momente in der Hand zu halten. Auch besteht die Möglichkeit, gleich mehrere Exemplare eines Buches auf einmal oder sogar bei Bedarf per Mausklick erneut zu bestellen. Glücklicherweise ist diese schöne Art der Fotoerinnerung fast so unkompliziert erstellt wie eine Fotopräsentation.

Eine schöne Sache: das Fotobuch mit eigenen Bildern. (Bild: CEWE)

Bevor es losgeht, hier unsere Tipps zur Vorbereitung:

1. Legen Sie das Thema Ihres Fotobuches fest. Das klingt banal, aber damit fokussieren Sie sich ganz bewusst auf die Kernaussage und vermeiden, dass Sie sich verzetteln.

2. Überlegen Sie sich eine Art Drehbuch vorab – beim Urlaub ergibt sich die Reihenfolge schon fast von alleine durch die verschiedenen Stationen; beim Vereinsausflug oder der Geburt des Enkelkindes bleibt mehr Spielraum, auf einen Höhepunkt hinzuarbeiten und das Buch spannungsgeladen aufzubauen.

3. Treffen Sie Ihre Bilderauswahl mit Bedacht. Wie bei der Fotoshow gilt: Weniger ist mehr. Lieber ein paar Seiten weniger und dafür aber wirklich tolle Bilder.

Bei der Gestaltung des Fotobuches lohnt es sich zudem, die Tipps und Hinweise aus Kapitel 1, »Gestaltungsgrundlagen – so wird es fast von alleine perfekt«, zu beachten.

Fotos sammeln und vorbereiten

Die Vorauswahl Ihrer Bilder ist immens wichtig und sollte schon geschehen sein, bevor Sie mit dem Fotobuch selbst loslegen. Es ist natürlich sinnvoll, diese Arbeit mit der Fotos-App zu erledigen. Wie das geht, haben Sie ja schon bereits im ersten Abschnitt dieses Kapitels gelernt. Hier vermitteln wir Ihnen nun aber darüber hinaus, wie Sie Ihre Fotosammlung aus der Fotos-App in einen separaten Ordner exportieren und diese Bilder dann wiederum in das Fotobuch übertragen. Denn leider ist es nicht möglich, Ihre Fotos aus der Fotos-App heraus direkt in andere Software zu ziehen. Daher hier der kleine Umweg:

1. Legen Sie, wie eingangs in diesem Kapitel ab Seite 216 beschrieben, ein Album in der Fotos-App an. Sie müssen hier aber keine Diashow erstellen, es genügt, dass alle Bilder für das Fotobuch in einem Album gesammelt sind.

2. Öffnen Sie das Album in der Fotos-App, und klicken Sie auf den Menüpunkt **Auswählen** ❶.

3. Die Menüleiste ändert sich, und Sie können nun auf der linken Seite einfach den Punkt **Alle auswählen** ❷ anklicken. Sie sehen, dass nun jedes Bild einen kleinen Haken erhalten hat.

4. Nun klicken Sie auf der rechten Seite der Menüleiste auf **Kopieren**.

5. Wechseln Sie nun in den Explorer. Hier legen Sie in Ihrem *Dokumente-Bereich* oder an einem anderen Speicherort Ihrer Wahl einen neuen Ordner an. Das klappt einfach über die Schaltfläche **Neuer Ordner** ❸ im Menüband.

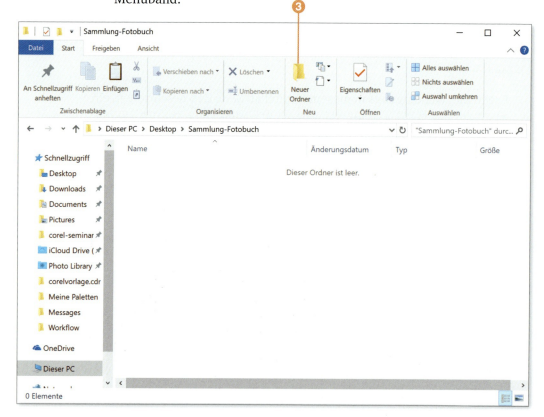

6. Öffnen Sie den neu angelegten Ordner per Doppelklick, und fügen Sie entweder über die Tastenkombination $\boxed{\text{Strg}}$ + $\boxed{\text{V}}$ oder über einen rechten Mausklick und **Einfügen** ❹ die Bilder aus der Fotos-App ein.

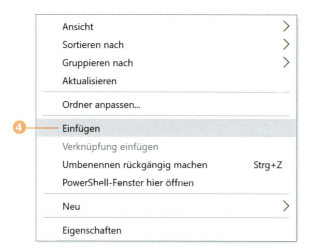

Jetzt sind Sie startklar für Ihr Fotobuch! Im folgenden Abschnitt zeigen wir Ihnen, wie Sie es mithilfe einer speziellen Software gestalten und so beispielsweise auch tolle Geschenke für die Familie herstellen können.

Mit einer Fotobuch-Software gestalten

Wie wird nun das Layout für ein Fotobuch erzeugt? Klar ist, mit Word oder Paint 3D kommt man hier nicht weiter. Viele Anbieter stellen online ihre Dienste bereit und bieten passende Layout-Software kostenlos zum Herunterladen an. Auch Ihr örtlicher Fotohändler hat sicher eine passende Gratissoftware am Start. Diese Software ist, egal von welchem Anbieter, so konzipiert, dass Sie stressfrei und schnell ein Fotobuch erstellen können. Fragen wie Seitengrößen, Seitenanzahl und vieles mehr nehmen die Programme einem direkt ab. Wir zeigen Ihnen hier am Beispiel der Software *CEWE Fotoservice*, die Sie auf *www.cewe.de* herunterladen können, was es zu beachten gilt.

1. Laden Sie die Software von *www.cewe.de* herunter, und installieren Sie sie nach Anweisung.

2. Starten Sie anschließend die Software **CEWE Fotoservice** per Klick aus dem Windows-Startmenü.

3. Es öffnet sich eine Programmoberfläche mit ziemlich vielen Optionen. Aktuell interessiert uns das Fotobuch ❶, und hier klicken wir zunächst auf **Übersicht** ❷. Rechts werden nun die entsprechenden Buchsorten und Formate mit ausführlicher Beschreibung aufgelistet.

4. Wir haben uns für das XL-Format ❸ entschieden. Klicken Sie darauf, um nun die Art des Buches zu wählen. Auch hier gibt es zahllose Möglichkeiten. Suchen Sie sich aus, was Ihnen gefällt. Unsere Empfehlung bei der Papiersorte ist aber meistens **Matt**. Hochglanz liefert zwar brillante Farben, aber spiegelt auch stark.

5. Im nächsten Schritt legen wir noch fest, ob das Buch ein Hardcover oder ein Softcover als Einband erhalten soll.

6. Nun wird noch abgefragt, ob Sie aus einer Vorlage der Software gestalten oder frei loslegen wollen. Natürlich wollen wir alles selbst machen und entscheiden uns daher für **Leeres CEWE FOTOBUCH öffnen** ❹.

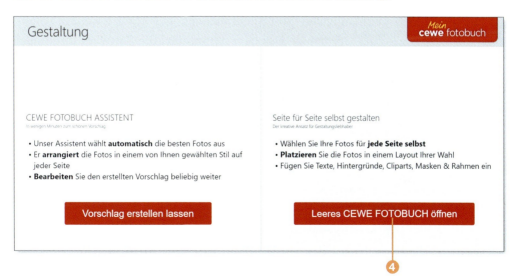

235

7. Es erfolgt zunächst noch eine Abfrage, wo sich Ihre Bilder befinden. Wählen Sie im Bereich **Ordner** ❺ jenen Ordner aus, den Sie im vorigen Abschnitt mit Ihrer Bildauswahl gefüllt haben. Alternativ können Sie sogar Facebook & Co. als Fotoquelle hinzufügen.

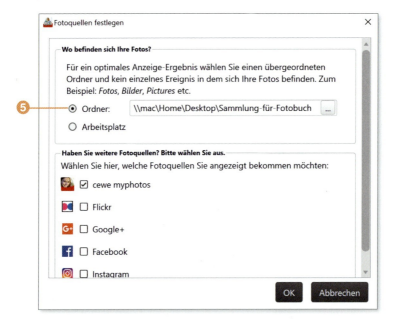

8. Doch damit der Abfragen nicht genug – es erfolgt der nächste Hinweis, dass abhängig von Ihrer Bilderanzahl dem Fotobuch weitere Seiten hinzugefügt werden ❻. Das liegt daran, dass die Software Ihre Bilder zunächst automatisch nach einem internen Raster auf die Seiten verteilt und je nach Fotoanzahl eben mehr Seiten benötigt. Das können Sie später aber noch nach Wunsch beliebig abändern.

9. Waren Sie in der Fotos-App schon fleißig am Werk und haben Ihre Fotos dort bearbeitet, erkennt die Fotobuch-Software das, und Sie haben nun noch einmal die Qual der Wahl: Mit **Automatische Bildbearbeitung abschalten** ❼ werden Ihre Fotos später bei der Fotobuchproduktion nicht mehr korrigiert, sondern 1:1 so gedruckt, wie die Bilddaten vorliegen. Das ist nicht unbedingt empfehlenswert, im Grunde sollten nur Profis darauf verzichten. Klicken Sie also auf **Automatische Bildoptimierung aktivieren** ❽, und setzen Sie im Kontrollkästchen des Dialogs ❾ noch ein Häkchen, damit diese Vorgabe auch auf alle Fotos angewendet wird.

Ob Sie es glauben oder nicht – jetzt können Sie endlich mit dem Fotobuch-Layout starten. Die Benutzeroberfläche bietet fast unbegrenzte Gestaltungsmöglichkeiten (siehe die Abbildung auf der folgenden Seite):

❶ Im zentralen Vorschaubereich können Sie jeweils eine Buchdoppelseite betrachten und die angeordneten Bilder frei verschieben.

❷ Im unteren Bereich scrollen Sie durch Buchseiten und bringen sie per Klick in den Vorschaubereich.

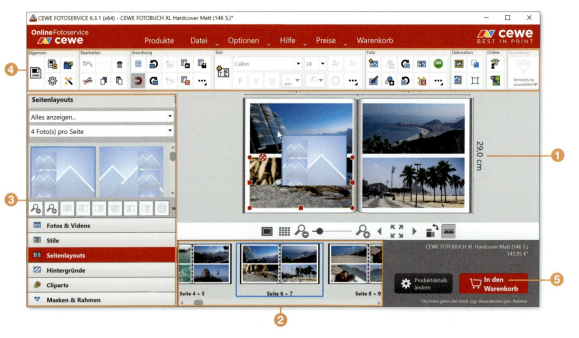

③ Links haben Sie die Möglichkeit, beispielsweise das Seitenlayout sowie das Gestaltungsraster der Seite zu ändern, Fotos aus Ihrem *Bilder*-Ordner hinzuzufügen oder Cliparts, Texte und Rahmen einzubauen.

④ In der Menüleiste können Sie Ihr Fotobuch speichern und haben Zugriff auf die wichtigsten Gestaltungsoptionen.

⑤ Ist Ihr Fotobuch fertig, kann es über den Warenkorb-Button direkt bestellt werden. Hier haben Sie übrigens auch immer die Gesamtkosten für Ihr Werk im Blick.

An dieser Stelle sagen wir: Frohes Schaffen mit Ihrem Fotobuch! Sie werden sehen, wie viel Freude es macht, so ein Werk zu erstellen. Unterschätzen Sie aber nicht den Zeitaufwand, ein schönes Fotobuch benötigt viele Stunden Arbeit.

Kapitel 12

Schöne Hingucker – T-Shirts gestalten und bedrucken

Im Sommer das Kleidungsstück Nummer eins, in anderen Jahreszeiten zumindest bei Freizeit und Sport allzeit beliebt – T-Shirts finden sich wohl in jedem Kleiderschrank. Warum nicht einfach einmal auffallen, sich abheben von den anderen und ein T-Shirt mithilfe von Paint 3D selbst gestalten? Es gibt so viele Anlässe, bei denen man jemand Lieben mit einem ganz besonderen Geschenk, das es so nirgendwo zu kaufen gibt, überraschen möchte. Oder Sie erstellen mit eigenen Grafiken einfach Ihre eigene Kollektion, mit der Sie sich vom Einheitsbrei der großen Modelabels abheben. Es ist wahrlich keine Hexerei – Sie werden sehen. Sie können die hier erstellte Grafik dann jederzeit zu einem Shop für Digitaldruck bzw. Copyshop geben, die mittlerweile fast alle auch den Ausdruck auf einem T-Shirt, ggf. sogar das T-Shirt gleich dazu anbieten, aber auch selbst zu Hause aktiv werden. Denn auch das zeigen wir Ihnen auf den folgenden Seiten – wie Ihnen mit Tintenstrahldrucker, Transferfolie und Bügeleisen wahre Meisterwerke gelingen. Doch zunächst gehen wir in Paint 3D und lernen, wie man mit den Malwerkzeugen zum digitalen Zeichenkünstler wird und Grafiken anlegt, die einen transparenten Hintergrund haben.

Ein tolles T-Shirt selbst gemacht – das klappt mit Paint 3D und dem Gewusst-wie fast wie von selbst.

ACHTUNG

Tabletstift oder Grafiktablet hilfreich

In diesem Workshop konzentrieren wir uns auf die Malwerkzeuge von Paint 3D. Diese sind ein wunderbares Gestaltungsmittel, funktionieren am klassischen Computer mit der Maus allerdings etwas ruckelig. Schöne runde Linien glücken nur mit sehr viel Schweiß und Ausdauer. Bevor Sie der Frust packt – an einem Tablet-Computer mit Touchscreen und Eingabestift klappt das viel besser. Alternativ gibt es für Ihren »normalen« Desktop-Computer oder Notebooks ohne Touchscreen beispielsweise von Wacom (*www.wacom.de*) preiswerte Grafiktablets ab 100 €, mit denen Sie am Computer ganz wie auf Papier malen können. Hier sei aber gesagt: Paint 3D benötigt auch mit einem Grafiktablet einen aktuellen Computer, damit das Malwerkzeug wirklich sauber arbeitet.

Ein Grafiktablet ermöglicht auch am Desktop-Computer und bei Notebooks ohne Touchscreen natürliches Malen und Zeichnen. (Bild: Wacom)

Das Dokument richtig anlegen

Damit unsere Grafik auf dem T-Shirt später nicht *verpixelt* aussieht, müssen wir den Zeichenbereich in Paint 3D richtig groß anlegen. Knapp 17 × 17 Zentimeter reichen aber aus – in Pixelmaßen entspricht dies 2000 px × 2000 px.

1. Öffnen Sie nun also, wenn noch nicht geschehen, Paint 3D, und klicken Sie in der Menüleiste auf **Zeichenbereich** ❶.

INFO

Warum wirken Fotos manchmal unscharf und »verpixelt«?

Im Internet sieht man häufiger Bilder, die extrem unscharf sind, teilweise sieht man sogar richtige »Klötzchen« im Motiv. Man spricht hier von *verpixelten* Bildern. Diese wurden meist sehr stark vergrößert oder mit schlechter Qualität abgespeichert, dann tritt dieser Effekt auf. In aller Kürze erläutert: Ein Foto besteht, je nach Auflösung der Kamera, aus einer bestimmten Anzahl an Pixeln (Bildpunkten). Nehmen Sie aus dem Bild einen Ausschnitt und vergrößern diesen stark, muss der Computer gewissermaßen weitere Bildpunkte dazuerfinden. Ab einem Vergrößerungsfaktor von ungefähr 200 % sorgt das dafür, dass das Endergebnis nicht mehr scharf, sondern eben verpixelt aussieht. Daher legen wir in diesem Workshop das Motiv fürs Shirt gleich in ausreichender Größe an.

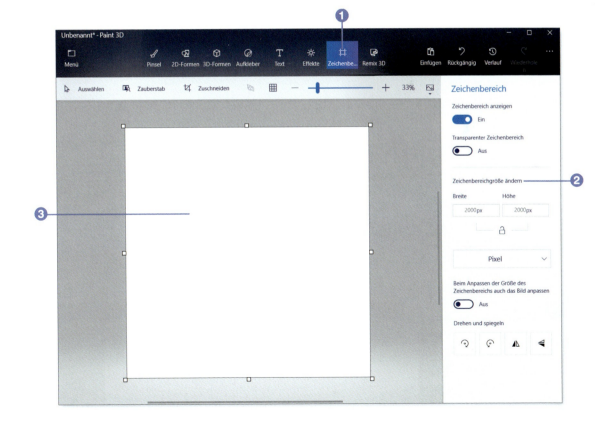

2. Im rechten Eingabebereich geben Sie im Abschnitt **Zeichenbereichgröße ändern** ➋ bei **Breite** und bei **Höhe** jeweils den Wert »2000px« ein.

3. Für einen T-Shirt-Druck ist es wichtig, dass die Grafik transparent ist. Sie erinnern sich an unsere anderen Projekte? Hier war der Hintergrund immer weiß, wie auf Papier gemalt (➌ auf Seite 241). Möchten Sie Ihre Grafik aber auf ein farbiges Shirt drucken lassen, wäre das natürlich störend. Schieben Sie daher im Bereich **Zeichenbereich** den Schieberegler bei **Transparenter Zeichenbereich** ➍ nach rechts auf **Ein**. Sie sehen sofort, dass der Zeichenbereich nur noch angedeutet ist ➎. Sie malen nun wie auf einer Glasscheibe.

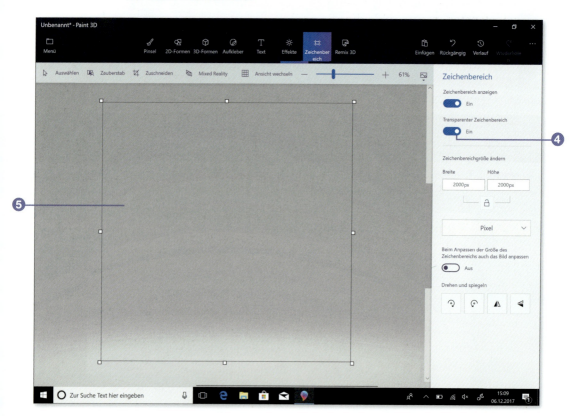

Mit dem Zeichenstift in Paint 3D arbeiten

Nun wollen wir den Zeichenbereich bemalen und unserer kreativen Ader freien Lauf lassen und stilisierte Blumen malen.

1. Wir starten mit dem Stiel und der Konturlinie der linken Blume unseres T-Shirt-Motivs (siehe auch die Abbildung auf Seite 239). Klicken Sie in der Menüleiste auf die Schaltfläche **Pinsel**. Klicken Sie anschließend im Einstellungsfenster rechts auf die Symbolschaltfläche für **Textmarker** ❶, sofern diese beim Öffnen der Pinselwerkzeuge nicht ohnehin standardmäßig aktiviert ist. Belassen Sie bei **Stärke** den voreingestellten Wert **5px** ❷ sowie für die Oberflächenstruktur **Matt** ❸, und wählen Sie dafür die Farbe Grau ❹ aus. Paint 3D bietet dafür als Standardfarben Hellgrau und Dunkelgrau an.

2. Mit gedrückter linker Maustaste malen Sie nun einfach los – für die Umsetzung der Blüte eignen sich dabei spiralförmig angeordnete Linien bzw. Kreise, die Sie von außen nach innen, zum Mittelpunkt hin kleiner werdend ziehen und ggf. noch einmal überlagernd wiederholen. Am Tablet geht das natürlich auch mit dem Finger oder dem Zeichenstift. Die Ergebnisse werden dann, wie erwähnt, auch deutlich eleganter und flüssiger.

   Übung macht hier aber definitiv den Meister, und wir haben bewusst ein Motiv gewählt, welches die eine oder andere Ungenauigkeit verzeiht. Versuchen Sie, Stiel und Konturlinie möglichst flüssig zu zeichnen.

Hier sehen Sie unsere Versuche im Vergleich – links auf dem Tablet und rechts auf dem langsameren Computer mit der Maus gezeichnet. Perfektionisten und Liebhabern von geraden Linien fällt die Wahl da nicht schwer, doch auch die per Maus gezeichnete Blume hat durchaus ihre eigene ästhetische Wirkung.

2D-Formen

3. Jetzt machen wir unser Pflänzchen richtig schön und klicken in der Menüleiste auf **2D-Formen**. Wählen Sie aus dem rechten Einstellungsbereich das Kreissymbol als Blüte aus **5**.

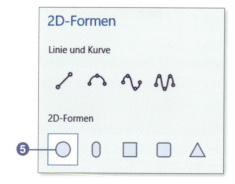

4. Ziehen Sie nun den Kreis mit gedrückter linker Maustaste auf Ihrer Zeichenfläche auf, sodass sämtliche zuvor gezeichnete Konturlinien im Blütenbereich damit überdeckt sind. Sobald Sie die Maus loslassen, ändert sich das Einstellungsfenster im rechten Bildschirmbereich.

5. Sie können jetzt die passenden Einstellungen vornehmen. Wählen Sie im Bereich **Füllen** nach einem Klick auf den Pfeil **Einfarbig** aus ❻, bei **Linienart** wählen Sie auf dieselbe Weise **Keine** ❼.

6. Die **Deckkraft des Aufklebers** ❽ reduzieren Sie auf ungefähr 70 %, damit es später mit weiteren Blüten einen schönen Mischeffekt gibt.

7. Nun ändern wir noch die Farbe: Klicken Sie dazu einfach auf das blaue Quadrat ❾. Im aufklappenden Fenster wählen Sie per Klick Ihre Wunschfarbe; bei uns ist es Rot.

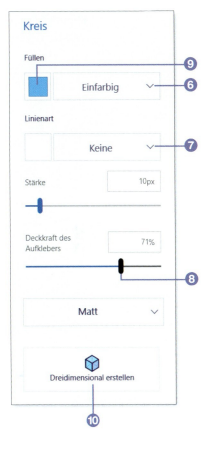

8. Jetzt wollen wir aus der 2D-Grafik eine 3D-Grafik erstellen, damit das Blütenobjekt flexibel bearbeitbar bleibt. Klicken Sie dazu rechts unten in der Seitenleiste auf das Feld **Dreidimensional erstellen** ❿, und schon erscheinen die entsprechenden Rotationswerkzeuge sowie das Verschieben-Werkzeug eines 3D-Modells.

9. Fassen Sie jetzt mit der linken Maustaste das Verschieben-Werkzeug ⑪ an, und schieben Sie den roten Kreis hinter die gezeichneten Linien. Sie sehen, die Linien werden dadurch viel kräftiger

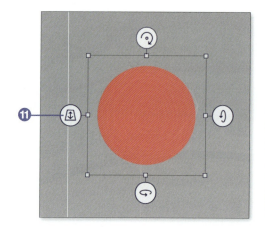 

10. Nun können wir noch weitere 3D-Kreise erstellen, um die Blume farblich abzustufen und damit so richtig schön zu gestalten. Führen Sie die Schritte 3 bis 6 noch einmal durch, wählen Sie also **2D-Formen**, ziehen Sie zunächst einen etwas kleineren Kreis über dem ersten auf, belassen Sie die bereits ausgewählten Einstellungen bei **Füllung** und **Linienart**, und reduzieren Sie auch hier die **Deckkraft des Aufklebers** auf etwa 70 %.

11. Ändern Sie zusätzlich die Farbe. Klicken Sie dazu auf das farbige Quadrat ⑫ neben **Einfarbig** und anschließend auf das Plussymbol im unteren Bereich der Farbenauswahl, um eine eigene Farbe hinzuzufügen. Fahren Sie in der nun geöffneten Farbpalette an jene Stelle, die den für Sie passenden Farbton abbildet ⑬. Sie sehen diesen übrigens zusätzlich im Quadrat daneben ⑭. Ist alles nach Wunsch, schließen Sie die Farbauswahl mit **OK** ⑮. Es empfiehlt sich, für die inneren Kreise einen dunkleren Rotton zu wählen, um die Tiefe der Blüte und die Schatten anzudeuten.

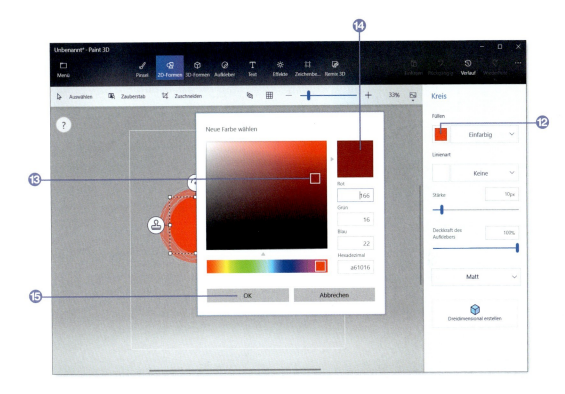

12. Klicken Sie auch hier wieder auf die Schaltfläche **Dreidimensional erstellen** ⑯, und verschieben Sie den zweiten Kreis mit dem Verschieben-Werkzeug links etwas nach hinten, vor den ersten Kreis, sodass die Linien wieder stärker hervorscheinen.

13. Das ganze Procedere führen Sie nun noch einmal durch und erstellen einen dritten, noch kleineren Kreis in der Mitte – und schon haben Sie das erste Blumenmotiv erstellt.

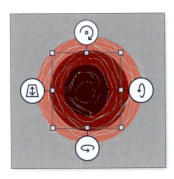

Nachdem Sie das Prinzip der Gestaltung und des Zeichnens in Paint 3D kennengelernt haben und mit dem nötigen Handwerkszeug ausgerüstet sind,
können Sie nun Ihrer Fantasie freien Lauf lassen. Wenn Sie fürs Erste unser
Beispielprojekt zu Ende gestalten möchten, erweitern Sie nun Ihre Grafik
durch eine zweite Blume, dieses Mal in Grün, drapieren Sie verschiedene
kleine farbige Kreise rund um die Blumen, und verzieren Sie auch noch die
Blumenstiele mit dem Pinselwerkzeug **Textmarker**. Damit die Linien besser
gelingen, reduzieren Sie ggf. die Stärke auf etwa 3 px. Am Ende sieht Ihr
Motiv dann etwa wie folgt oder – je nach Ihrer künstlerischen Gestaltung –
auch etwas anders aus.

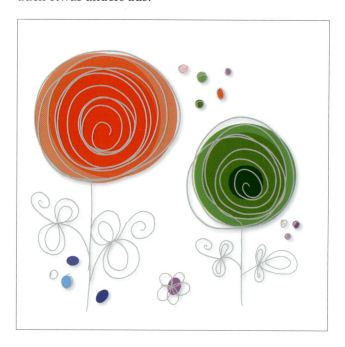

Datei korrekt exportieren

Wenn Sie mit Ihrer Zeichnung fertig sind, klicken Sie auf **Menü ▸ Datei exportieren**. Wählen Sie als Format **2D – PNG** aus. Beim Dateiformat PNG ist
garantiert, dass der Bildhintergrund durchscheinend bleibt, so wie wir es

eingangs auch angelegt haben. Nach der Auswahl des Dateiformats öffnet sich Ihr *Bilder*-Ordner. Geben Sie Ihrer Grafik abschließend noch einen eindeutigen Namen, damit Sie das Motiv später leicht wiederfinden.

T-Shirt bedrucken lassen

Sie können Bilder und Grafiken natürlich von Profis auf Ihr T-Shirt aufbringen lassen. Beim Copyshop um die Ecke klappt das ganz schnell mit *Thermotransfer*. Packen Sie einfach Ihre Datei auf einen USB-Stick, und bringen Sie diese dort vorbei. Das ist für ein Expressgeschenk perfekt.

Im Internet finden Sie natürlich ebenfalls zahllose Anbieter, bei denen Sie Ihre schönsten Grafiken auf Shirts, Pullover und andere Textilien drucken lassen können. Das geht auch schon mit einem Einzelteil, dauert aber natürlich in aller Regel ein wenig länger. Hier wird der Druck zumeist mit einem Digitaldrucker und haltbarer Farbe aufgebracht, die Qualität und Haltbarkeit sind mit denen von handelsüblicher Textilware in der Regel vergleichbar. Bei den meisten Portalen können Sie zudem Ihre Grafik direkt hochladen und so auf dem Kleidungsstück positionieren, wie Sie es wünschen. Das Kleidungsstück müssen Sie dort allerdings zusätzlich erwerben und mit dem Angebot vorliebnehmen.

Wir zeigen Ihnen beispielhaft über *www.bandyshirt.com*, wie einfach das klappt. Natürlich gibt es noch viele weitere Anbieter im Web.

1. Öffnen Sie die Internetseite *www.bandyshirt.com* in Ihrem Internetbrowser, und wählen Sie im Bereich **Produkte** ein Herren- oder Damen-T-Shirt und eine entsprechende Variante Ihrer Wahl aus. Nehmen Sie aber zum Ausprobieren am besten eine dunkle Textilfarbe – nur dann wird sichtbar, dass Sie vorhin eine transparente Grafik ohne Hintergrund angelegt haben.

2. Es lädt direkt ein Fenster mit vielen Möglichkeiten, um Ihr T-Shirt zu gestalten. Wir entscheiden uns natürlich für **Foto hochladen** ❶, denn wir haben unsere Zeichnung in Paint 3D ja im Foto- bzw. Grafik-Dateiformat PNG gespeichert. Sollte dieses Fenster bei Ihnen übrigens nicht erscheinen, genügt ein Klick auf eine beliebige Stelle des T-Shirts.

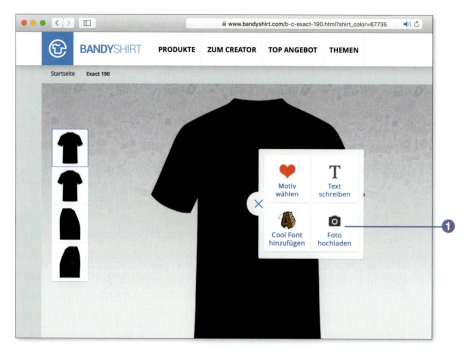

3. Im folgenden Dialogfeld wählen Sie **Bild hochladen** ❷. Es öffnet sich ein Fenster Ihres Explorers, in dem Sie das zuvor exportierte PNG auswählen. Es wird anschließend direkt auf Ihrem Shirt platziert.

4. In dieser Detailansicht könnten Sie noch weitere Effekte einbauen, die zum Teil kostenpflichtig sind. Aber Ihr Kunstwerk ist ja fertig, daher: Klicken Sie auf **fertig** ❸.

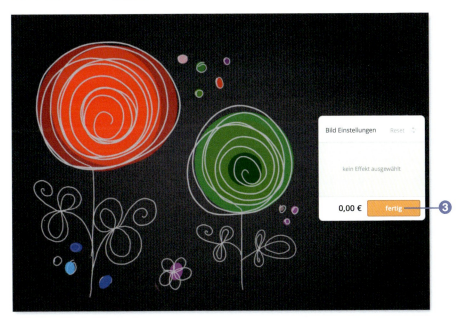

5. Jetzt haben Sie fast die gleichen Möglichkeiten wie in Paint 3D, um das Motiv noch an die passende Stelle zu bringen und die Größe einzustellen. Mit den Werkzeugen können Sie das Motiv skalieren **4**, drehen **5**, neu positionieren **6**, löschen **7** oder bearbeiten **8**.

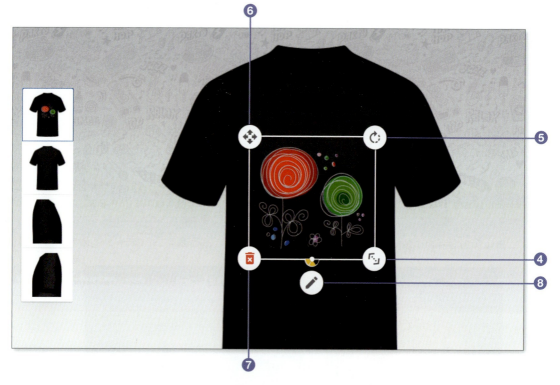

Schließlich können Sie das Shirt dann in der gewünschten Größe und Stückzahl bestellen. Das klappt genauso, wie Sie es vom Online-Shopping her gewohnt sind.

T-Shirt selbst bedrucken

Für das durch und durch selbstbestimmte originelle Geschenk können Sie auch ohne Copyshop und Online-T-Shirt-Druck tätig werden und Ihr Wunschmotiv mit dem Tintenstrahldrucker ausdrucken und auf ein Shirt Ihrer Wahl aufbringen. Allerdings ist das hierfür angewendete Verfahren, der sog. Thermotransferdruck, nicht ganz so haltbar, die damit versehenen Textilien müssen daher auch immer auf links gewendet gewaschen werden. Aber es ist eben auch unkompliziert und schnell durchgeführt.

Das hier ist alles, was Sie dazu brauchen:

- Tintenstrahldrucker (mit dem Laserdrucker klappt es nicht!)
- T-Shirt-Transferfolie (gibt es im Handel oder Internet) für helle oder dunkle Textilien
- Backpapier
- Bügeleisen

Und natürlich ein T-Shirt.

Transferfolie für T-Shirts gibt es für weiße und farbige Textilien. (Bild: pearl.de)

Achten Sie darauf, dass Ihr T-Shirt keine Kunstfasern enthält, sondern zu 100 % aus Baumwolle besteht. Denn das Motiv muss mit großer Hitze aufgebügelt werden, was Kunstfasern nicht vertragen.

Und so gehen Sie vor, um Ihr schönstes Motiv auf ein Textil zu bringen:

1. Öffnen Sie Word, und platzieren Sie das gewünschte Bildmotiv über **Einfügen ▸ Bilder** auf der standardmäßig im DIN-A4-Format geöffneten leeren Seite. Das A4-Format entspricht auch genau dem Format der T-Shirt-Transferfolien.

2. Auf Wunsch können Sie Ihre in den vorigen Abschnitten erstellte Grafik noch um Text ergänzen. Wie das geht, haben Sie in den anderen Projekten dieses Buchs mehrfach gelernt. Schlagen Sie dort im Zweifel einfach noch einmal nach.

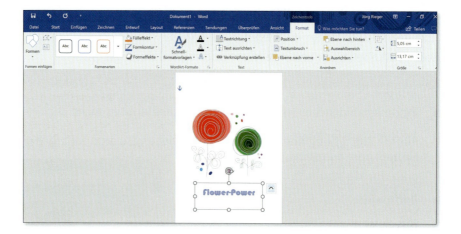

3. Drucken Sie Ihr Motiv nun testweise auf einem normalen Blatt Papier aus, und prüfen Sie, ob die Größenverhältnisse stimmen und die Gestaltung optimal passt.

4. Ist alles in Ordnung, kann es an den Transferdruck gehen. Für weiße Textilien muss dieser in der Regel immer *spiegelverkehrt* auf die Folie gedruckt werden. Schauen Sie dazu aber unbedingt in der Anleitung zu Ihrer gekauften Transferfolie nach. Um den Transferdruck zu starten, wählen Sie in Word **Datei ▸ Drucken ❶** und schließlich **Druckereigenschaften ❷** aus.

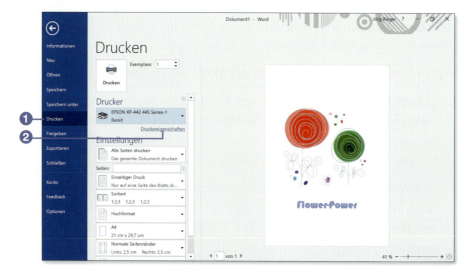

5. Je nach Druckermodell finden Sie direkt im Eigenschaften-Menü oder auch in einem Reiter wie »Optionen« die Möglichkeit, spiegelverkehrt zu drucken. Wählen Sie diese Möglichkeit aus. Bei unserem Epson-Drucker genügt ein Häkchen vor **Bild spiegeln** 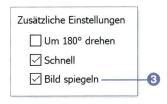.

6. Für die Einstellung der Druckqualität ④ werfen Sie bitte ebenfalls einen Blick auf die Anleitung zur Transferfolie.

7. Je nach Hersteller ist beim **Druckmedium** hier Normalpapier, Fotopapier oder gar Folie als Einstellung notwendig, was ebenfalls in den Druckereinstellungen eigens ausgewählt werden muss. Wie Sie diese Einstellungen vornehmen, zeigen wir Ihnen übrigens auch ausführlich in Kapitel 13, »Richtig drucken«, ab Seite 271.

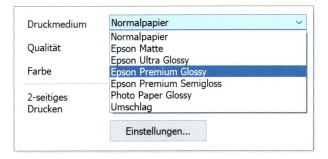

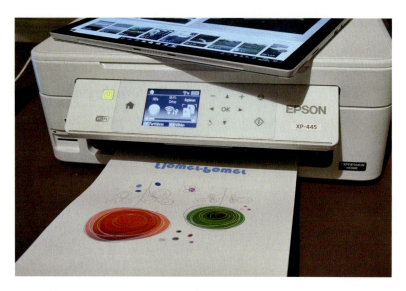

Spiegelverkehrt ist hier richtig.

ACHTUNG

Keine Transferfolie in den Farblaser!

Bitte beachten Sie, dass die T-Shirt-Transferfolien in der Regel für Tintenstrahldrucker gemacht sind und im Farblaser zu schweren Schäden am Gerät führen können, da auch der Farblaser mit Hitze arbeitet und sich das Transferpapier damit im Drucker bereits ablösen und die gesamte Mechanik verkleben würde.

Ist der Ausdruck gelungen, wird es »ernst« – nun gilt es, das Motiv auf Ihr T-Shirt aufzubügeln.

1. Schneiden Sie den Ausdruck grob mit einer Schere zurecht, lassen Sie aber mindestens einen Zentimeter Rand zum Motiv.

2. Ziehen Sie das T-Shirt auf dem Bügelbrett glatt auf.

3. Entfernen Sie das Trägermaterial der Transferfolie, und legen Sie die Folie mit dem Motiv nach unten auf das T-Shirt. Überprüfen Sie noch einmal, ob das Motiv perfekt sitzt, und legen Sie dann ein Backpapier über die Folie.

4. Stellen Sie das Bügeleisen auf die höchste Hitzestufe, aber schalten Sie unbedingt die Dampffunktion aus. Jetzt pressen Sie das Bügeleisen mehrere Sekunden lang auf die Transferfolie bzw. das Backpapier. Bitte immer Bereich für Bereich anpressen und keinesfalls darüber bügeln.

5. Entfernen Sie nun das Backpapier, und lassen Sie das Werk ein wenig abkühlen. Schon ist Ihr selbst designtes T-Shirt fertig. Vor dem Tragen oder Waschen sollten Sie nun aber ungefähr einen Tag vergehen lassen, damit sich Stoff und Transferdruck gut verbinden.

Tolle Geschenke mit Ihren Motiven – Inspiration und Ideen

Wie Sie in den vorigen Abschnitten und Kapiteln erleben durften, sind Ihrer Kreativität kaum Grenzen gesetzt, was die Gestaltungsmöglichkeiten mit Paint 3D und Word betrifft. Doch auch bei den »Endprodukten« ist dank digitaler Druckverfahren in den vergangenen Jahren eine schier unglaubliche Vielfalt entstanden. Egal, ob Tasse, T-Shirt, Kissen oder Kochschürze – Sie finden im Internet zahllose Möglichkeiten, Ihre kreativen Entwürfe in dekorative Alltagsgegenstände zu verwandeln.

Ein sanftes Ruhekissen mit Ihrem Motiv – das klappt auch für Einzelstücke und ist genauso unkompliziert wie ein T-Shirt bestellt.

Die Vorgehensweise beim Erstellen Ihrer Motive ist ganz so, wie in den vorangehenden Kapiteln und hier zum T-Shirt-Projekt beschrieben. Wichtig ist nur, dass Sie für farbige Untergründe Ihr Motiv mit einem transparenten Hintergrund anlegen, damit es später keinen unschönen weißen Rand gibt.

Auch beim Bestellen Ihrer designten Produkte gibt es keine Überraschungen. Fast jeder Online-Anbieter hat eine Möglichkeit, die Grafik hochzuladen und als Vorschau auf dem gewünschten Produkt anzuzeigen. Das ist wichtig, damit Sie sehen, ob Ihr Bild korrekt angelegt ist und das Ergebnis Ihren Vorstellungen entspricht.

Auch auf einer Tasse macht sich Ihr Kunstwerk sicherlich hervorragend.

Von daher dürfen wir Sie an dieser Stelle auf die kreative Spielwiese entlassen. Legen Sie los, Sie werden sehen, dass es etwas ganz Besonderes ist, einen am Computer erstellten Entwurf als fertiges Produkt in Händen zu halten. Ob nun als Geschenk für die Liebsten oder für sich selbst – in jedem Fall erhalten Sie damit etwas sehr Einzigartiges.

Diese Motividee für ein weiteres T-Shirt wollten wir Ihnen nicht vorenthalten ...

Kapitel 13
Richtig drucken

Nahezu alle Projekte in diesem Buch sind dazu gedacht, dass man sie direkt am Drucker zu Hause ausgeben kann. Und selbst bei den Fotogeschenken wie Tasse, T-Shirt oder Fotobuch ist zumindest ein Probedruck vorab auf dem heimischen Drucker und auf Papier nicht verkehrt. In diesem Kapitel wollen wir Ihnen kurz und knackig erläutern, worauf es beim Selberdrucken zu Hause ankommt – angefangen beim richtigen Drucker bis hin zum geeigneten Papier. Zudem geben wir Ihnen einige Tipps und Tricks für den Alltag.

Fotolia: 20727516 © duesV

Damit schöne Ausdrucke Ihrer Werke gelingen, gilt es einige Regeln zu beachten.

Die verschiedenen Drucksysteme im Überblick

Im Elektrofachmarkt Ihrer Wahl ist die Auswahl an unterschiedlichen Druckern nahezu unüberschaubar. Regalweise stapeln sich die Geräte, der Überblick fällt hier selbst dem versierten Fachmann schwer. Außerdem bemühen sich die Druckerhersteller, durch hektischen Modellwechsel zusätzlich für Durcheinander und möglichst keine Vergleichsmöglichkeit zu sorgen. Im folgenden kleinen Ratgeber klären wir über die Unterschiede sowie Vor- und Nachteile verschiedener Gerätearten auf, quasi als kleine Entscheidungshilfe, wenn ein Neukauf ansteht.

Grundsätzlich finden Sie im Fachmarkt folgende Druckerarten:

- Schwarz-Weiß-Laserdrucker
- Farblaserdrucker
- Tintenstrahldrucker
- Multifunktionsgeräte, meist Tintenstrahldrucker, mit Scanner, Fax und Kopierer

Für alle diese Geräte gilt: Der Einstiegspreis ist vergleichsweise günstig, die Hersteller holen sich das Geld über das Verbrauchsmaterial wieder. Die ersten Farbtintenstrahldrucker kosteten seinerzeit um die 600 DM, heute gibt es viel bessere Geräte für nicht einmal 60 €. Trotz technischem Fortschritt ist klar, dass hier der Verbraucher gelockt wird.

Farblaserdrucker sind recht groß, schwer und nicht unbedingt die Experten in Sachen Fotodruck. (Bild: Kyocera)

Da Sie grafisch arbeiten wollen, fällt der reine Schwarz-Weiß-Drucker schon mal weg. Daher ist der Farblaserdrucker eine Option. Diese Druckertechnik funktioniert nach folgendem Prinzip: Tonerstaub wird durch elektrische Ladung auf eine Trommel aufgebracht, durch Hitze und Druck wird dieser Staub dann auf das Papier gebracht und zum Druckbild zusammengesetzt. Waren Laserdrucker noch vor Jahren als »Feinstaubschleudern« verpönt, hat sich das doch massiv gebessert. Trotzdem ist ein Laserdrucker ein großer Müllproduzent. Denn neben den Tonern muss von Zeit zu Zeit auch die Bildtrommel getauscht werden.

Die Vorteile eines **Farblaserdruckers**:

- hohe Druckgeschwindigkeit
- Ein Eintrocknen von Tinte ist nicht möglich.
- Auch auf Normalpapier wird eine gute Druckqualität erreicht.
- günstiger Druckpreis pro Seite

Die Nachteile:

- Drucker für den Privatanwender können meist keinen Karton bedrucken.
- Die Druckqualität bei Fotos ist nicht fotorealistisch.
- Die Papierauswahl ist begrenzt.
- Je nach Gerät sind die Unterhaltskosten schwer überschaubar, da nicht nur Toner, sondern auch die Belichtungseinheiten getauscht werden müssen.
- Tonerstaub ist nach wie vor ein Problem. Wer häufig druckt, sollte das besser nicht im Wohnraum machen, um Feinstaub zu vermeiden.
- hoher Stromverbrauch beim Druckvorgang

Beim Farblaserdrucker gilt: Wenn Sie generell eher Text und Grafik drucken, ist solch ein Gerät die richtige Wahl, das es schon für unter 200 € gibt. Allerdings muss klar sein – die eingebauten Toner sind immer nur wenig gefüllt, schon nach kurzer Zeit müssen Sie hier nachkaufen, und ein Toner-Set kann dann schnell den Wert eines neuen Geräts übersteigen. Wer ambitioniert schöne Bilder mit dem Farblaser drucken will, kommt mit einem Gerätepreis unter 400 € leider nicht weg.

Tintenstrahldrucker sind im Vergleich mit einem Laserdrucker eher simpel in der Funktionsweise – feinste Tintentropfen werden über einen Druckkopf mit vielen Düsen auf das Papier aufgetragen, Zeile für Zeile. Diese Technik

ist nahezu verschleißfrei, im Unterschied zum Laserdrucker müssen nur die Patronen getauscht werden.

Ein Tintenstrahldrucker hat heute meistens auch noch Scanner und Kopierer an Bord. (Bild: Epson)

Beim Tintenstrahldrucker ergeben sich folgende Überlegungen bei der Kaufentscheidung. Die Vorteile:

- Auch für weit unter 100 € sind sehr gute Geräte erhältlich.
- flexible Papierauswahl
- Ein Druck auf Karton ist bei den meisten Geräten problemlos machbar.
- robuste Technik
- deutlich umweltfreundlicher als Laserdrucker

Die Nachteile:

- Bei geringer Nutzung kann die Tinte im Druckkopf trocknen.
- Bei der Druckkopfreinigung geht viel Tinte verloren.
- Brillante Drucke sind nur auf speziellem Fotopapier möglich.
- Der Seitenpreis beim Fotodruck ist meist sehr teuer.

Die aktuell am Markt erhältlichen Tintenstrahldrucker ergeben ein etwas unübersichtliches Bild. Schon ab 60 € erhalten Sie Geräte, die sogar einen Scanner eingebaut haben. Diese Drucker können natürlich Fotos drucken, sind aber nicht darauf ausgelegt. Sie haben daher meist nur vier Farbpatronen. Brillante Fotos erhalten Sie nur mit Druckern, die mit fünf oder mehr Farben drucken, also mit sog. Fotodruckern. Hier müssen Sie etwas mehr investieren, ab 100 € aufwärts.

In allen Tintenstrahldruckern für den Heimbedarf haben sämtliche Hersteller sehr kleine Patronen eingebaut, die beim vollflächigen Fotodruck auch sehr schnell leer sind und damit den Druck zu einem teuren Vergnügen machen. Lesen Sie hier vor dem Kauf unbedingt die Testberichte von Computermagazinen oder Webseiten wie *www.druckerchannel.de* – hier sind die Unterschiede je nach Hersteller und Modell wirklich enorm!

Ziemlich winzig: Druckerpatronen haben nur wenige Milliliter Inhalt.

Nachfülltinte oder Original?

Tinte oder Toner vom Hersteller ist ziemlich teuer. Umgerechnet zahlt man beim Tintenstrahldrucker sogar Milliliter-Preise im Bereich eines hochwertigen Parfüms. In diesem Abschnitt gehen wir auf die Fragen rund um das Thema Billigtinte bzw. Nachfülltinte ein. Sicher sind auch Sie schon über die sensationellen Angebote über Tinte oder Toner für Ihr Gerät zu unglaublichen Preisen gestolpert. Denn findige Menschen haben den Markt des Druckerverbrauchmaterials schon vor Jahren erkannt, und es existieren somit für fast jeden Drucker nachgebaute Patronen oder Toner. Diese sind je nach Hersteller bis zu 70 % günstiger als das Original. Doch warum ist das so?

Sogenannte Nachfüllkits versprechen große Einsparungen beim Drucken.

Meistens ohne Label: Patronen von Drittanbietern.

265

1. Zunächst einmal ist die Originaltinte der Druckerhersteller deshalb so überproportional teuer, weil der Hersteller damit sein Geld verdient und gewissermaßen auch die wirklich lächerlich günstigen Drucker refinanziert. Letztlich ist der Drucker also das Lockangebot, und danach zahlt man »nach Verbrauch«. Und das klingt schon fast wieder irgendwie fair.

2. Ein Fremdhersteller dagegen muss keine Geräte entwickeln oder verkaufen, sondern nur die Tinte.

3. Es wird meist keine teure Werbekampagne gefahren.

4. Die Produktverpackungen der Billigtinte sind meist farblose, unbedruckte Kartons.

Kann man also bedenkenlos die günstige Tinte erwerben? Dass diese den Drucker beschädigt und man somit die Garantie für sein Gerät verliert, gehört jedenfalls in den Bereich der Märchen und Mythen. Auch Tinte von anderen Herstellern muss Qualitätskriterien genügen, der Druckkopf geht dadurch nicht kaputt. Und die Herstellergarantie bleibt auch nach dem Einsatz solcher Tinte gültig.

Dennoch spricht durchaus etwas gegen den Kauf von günstiger Tinte. Wir persönlich haben die Erfahrung gemacht, dass die preiswerte Tinte schlicht farblich keine guten Ergebnisse liefert. Was man beim Ausdruck von Texten noch verkraften kann, wird beim Ausdruck von Fotos oder anderen Werken wirklich ärgerlich. In den seltensten Fällen können die Billigtinten hier den teuren Originalen das Wasser reichen, Farbstiche sind daher die traurige Regel. Das bestätigen auch unabhängige Tests immer wieder. Zudem kann es sein, dass der Drucker öfters gereinigt werden muss. Kleine Lufteinschlüsse in den Tintenpatronen führen dazu, dass ab und an die Druckdüsen vereinzelt nicht drucken und der Drucker quasi »nachladen« muss.

Eine weitere Alternative ist die Möglichkeit, Patronen sogar mit Tinte und mithilfe einer Spritze nachzufüllen. Das ist zwar mit speziellen Patronen und Chipresettern möglich (entsprechende Kits werden im Internet angeboten), aber unter uns gesagt, ist das einfach eine »Riesensauerei«, verschmierte Hände und Schreibtische inklusive. Wir sind grundsätzlich für Do it yourself, aber das lohnt sich beim Tinteauffüllen wirklich in den wenigsten Fällen.

Das richtige Papier

Ein guter Ausdruck hängt nicht nur vom Drucker ab, sondern auch vom Papier. Die Auswahl ist hier fast genauso unüberschaubar wie beim Angebot an Druckern. Wir zeigen Ihnen gerne auf, welches Papier sich für welchen Zweck eignet und worauf Sie achten sollten.

INFO

Was bedeutet die Grammangabe auf dem Papier?

Auf jeder Papierverpackung finden Sie einen Hinweis auf die *Grammatur*. Da steht beispielsweise 240 g oder 80 g. Damit ist natürlich weder das Gesamtgewicht des Papierstapels oder des einzelnen Blattes gemeint, sondern das Gewicht pro Quadratmeter Papier. Das ist eine genormte Einheit und dient der Orientierung beim Kauf. Man kann hier ganz grob sagen:

80 g bis 90 g: normales Brief- und Kommunikationspapier, das klassische Kopierpapier

bis 150 g: stabileres Papier, beispielsweise für einen hochwertigen Faltflyer geeignet

über 200 g: Hier lassen sich schöne stabile Karten drucken, die sich hochwertig anfühlen. Fotos sind mit 200 Gramm ggf. noch ein wenig zu »dünn«.

über 250 g: perfekt für den Fotodruck. Allerdings sollten Sie im Druckerhandbuch prüfen, ob Ihr Gerät so dickes Papier unterstützt.

über 400 g: Das ist wirklich sehr starker Karton und wird hauptsächlich von Druckereien verwendet. Kaum ein Drucker für den Heimbedarf kommt mit dieser Papierstärke zurecht.

Briefe, Anschreiben und mehr:

Für ganz normale Anschreiben oder Schriftkram genügt das gängige Kopierpapier, das Sie in jedem Büro- oder Supermarkt erhalten. Mit 80 bis 90 Gramm Papierstärke ist es natürlich nur für Text und ein wenig Grafik geeignet und nicht für den Fotodruck. Zudem hat dieses Papier auch keine Beschichtung, um Farben besonders brillant erscheinen zu lassen. Unser Tipp: Achten Sie beim Kauf auf das FSC-Siegel. Damit ist gewährleistet, dass für Ihr Druckerpapier nicht der Regenwald gerodet wird. Und ganz ehrlich: Für die meisten Schriftstücke genügt auch Recyclingpapier.

Das FSC-Siegel zeigt an, dass das Papier aus nachhaltigen Quellen stammt. (Bild: FSC)

Fotos, brillante Bilder und Karten:

Geht es darum, Ihre kleinen Kunstwerke auf haptisch schönem Papier zu drucken, ist ein Papier mit höherer Grammatur die beste Wahl. Ob das Fotopapier nun hochglänzend oder matt ist, bleibt Ihrem Geschmack überlassen. Wichtig zu wissen ist, dass das Fotopapier meist nur einseitig beschichtet und die Rückseite »Normalpapier« ist. Doppelseitiges Fotopapier gibt es kaum zu kaufen. Daher unser Tipp: Nutzen Sie beispielsweise bei einer Klappkarte die beschichtete Seite für außen und für Ihren handschriftlichen Text die unbeschichtete Rückseite.

Fotokarton mit 230 Gramm ist perfekt für Grußkarten und Fotos. (Bild: Zweckform)

ACHTUNG

Achtung bei Fotopapier für Farblaserdrucker!

Besitzer von Farblaserdruckern schauen beim Papierkauf lieber zweimal hin. Keinesfalls dürfen Sie Fotopapier für Tintenstrahldrucker in Ihr Gerät einlegen. Das kann im schlimmsten Fall zum kompletten Defekt führen. Denn Druckerpapier für Tintenstrahlgeräte sind meist mit Kunststoff beschichtet, der im mit Hitze arbeitenden Laserdrucker kleben bleibt. Für Farblaser müssen Sie übrigens nicht unbedingt Fotokarton zum Druck nehmen. Es genügt ein normaler, für den Drucker geeigneter Karton, da beim Farblaser der Druck selbst stark glänzt und für Brillanz sorgt.

Damit die Druckqualität auf Ihrem teuren Papier perfekt wird, sind im Druckermenü Ihres Computers einige Einstellungen zu tätigen, die wir im folgenden Abschnitt erläutern.

Die Einstellung macht den Qualitätsunterschied

Sie haben in den vergangenen Abschnitten einiges an Theorie rund um den Druck zu Hause erfahren. Jetzt geht es ab in die Praxis. Denn ein nicht unerheblicher Anteil an der Druckqualität haben die Einstellungen im Druckmenü am Computer selbst. Bitte beachten Sie, dass sich diese Einstellungen von Drucker zu Drucker mehr oder weniger stark unterscheiden und ggf. die Menüstruktur anders dargestellt wird. Vom Grundprinzip her sind die Einstellungen aber allgemeingültig und auf die meisten Drucker übertragbar.

Sie haben grundsätzlich zwei wesentliche Faktoren an der Hand, um die Druckqualität zu beeinflussen:

1. die Wahl des zu bedruckenden Papiers im Druckermenü
2. die Wahl der Druckqualität

*Speziell beschichtetes Glanz-
papier für den Farblaser-
drucker. (Bild: Mondi Papier)*

Die Auswahl der korrekten Papiersorte ist enorm wichtig. Drucken Sie beim Tintenstrahldrucker mit der Einstellung »Normalpapier« auf Glanzpapier und umgekehrt, werden Sie unbefriedigende Ergebnisse erhalten. Denn je nach Papiersorte wählt der Drucker unterschiedliche Druckgeschwindigkeiten und Farbaufträge. Passt das nicht zusammen, ist das Ergebnis unschön. Und klar ist auch – ist die Druckqualität niedrig eingestellt, wird mit weniger Farbe und schnell gedruckt, dafür ist der Ausdruck dann auch nicht wirklich schön. Hier sehen Sie zwei Beispiele zum Verständnis:

Ganz schön streifig: Druckt man mit der Einstellung »Normalpapier« auf Fotopapier, sieht das Ergebnis streifig aus, im schlimmsten Fall ist der Druck verschmiert. Der Drucker trägt hier in hohem Tempo Tinte mit niedriger Druckdichte auf.

Finstere Nacht: Druckt man mit der Einstellung »Fotopapier« auf ganz normales Briefpapier, wird das Ergebnis komplett matschig, das Papier schlägt wegen der vielen Tinte richtige Wellen. Hier hat der Drucker mit langsamem Tempo und hoher Druckdichte gearbeitet – das Briefpapier saugt aber enorm.

Übrigens sind Sie beim Papier nicht auf die Empfehlungen Ihres Druckerherstellers oder gar dessen spezielles Papier festgelegt. Hier können Sie frei wählen. Bei vielen Papieren steht sogar auf der Rückseite der Verpackung, welchem Druckerpapier von welchem Hersteller die Sorte entspricht.

Jetzt geht es an den eigentlichen Ausdruck. Da wir sämtliche Projekte in Word fertiggestellt haben, zeigen wir den Ausdruck auch direkt in diesem Programm. Wenn Sie Werke vollständig in Paint 3D erstellt haben, können Sie dort über das Menü natürlich ebenfalls einen Ausdruck starten. In Word sind Sie allerdings dennoch etwas flexibler. Daher unser Tipp: Drucken Sie aus Word.

Im **Drucken**-Menü von Word sollten Sie Folgendes beachten, um den perfekten Druck zu erhalten:

1. Öffnen Sie eines Ihrer fertigen Gestaltungsprojekte, die Sie zunächst in Paint 3D und dann in Word erstellt haben, im Explorer mit einem Doppelklick oder gleich im Programm Microsoft Word über das **Datei**-Menü. Öffnen Sie dann den **Drucken**-Dialog über **Datei ▶ Drucken**. Auch in anderen Windows-Programmen erreichen Sie übrigens den **Drucken**-Dialog über **Datei** oder – wie z. B. in der App Paint 3D – über die Schaltfläche **Menü**.

2. Bevor Sie nun voreilig auf die prominente Schaltfläche **Drucken** ❶ im rechten Bereich klicken, klicken Sie bitte zunächst auf den Link **Druckereigenschaften** ❷. Nur hier können Details zum Papier und der Qualität definiert werden. Die **Einstellungen** ❸ im **Drucken**-Dialog selbst beziehen sich dagegen immer nur auf das Papierformat und die Druckgröße, jedoch nicht auf die Qualität und die Papiersorte selbst.

3. Nach einem Klick auf die **Druckereigenschaften** ❷ wird also nun das Herzstück Ihres Druckers geladen. Wie eingangs erwähnt, sieht dieses je nach Gerät und Hersteller etwas anders aus.

Und so gehen Sie vor:

1. Wählen Sie zunächst die **Dokumentgröße** ❶. Damit ist die Papiergröße gemeint, die im Drucker eingelegt ist, und nicht die Größe Ihres Word-Dokuments. Sie können problemlos auch eine Postkarte auf DIN-A4-Papier drucken. In unserem Beispiel haben wir allerdings passend für eine Postkarte bereits Papier mit **10 x 15 cm** ausgewählt und das passende Papier im Drucker eingelegt.

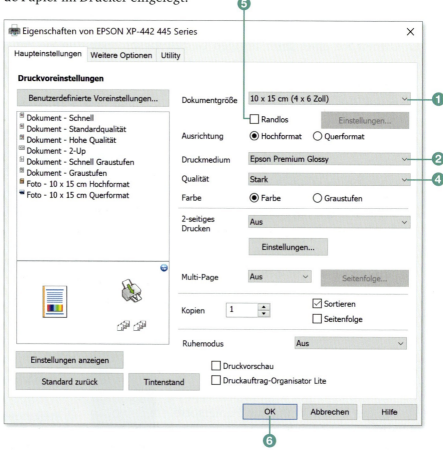

2. Das **Druckmedium** ❷ ist nun entscheidend. Neben **Normalpapier** stellt jeder Hersteller weitere Papiersorten und damit auch Qualitätsstufen bereit. Das ausgewählte **Epson Premium Glossy** ❸ entspricht beispielsweise hochwertigem Glanzpapier.

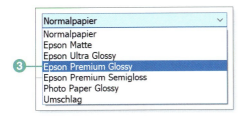

3. Zu jeder Papiersorte kann zudem die **Qualität** ❹ eingestellt werden. Für einen Brief auf Normalpapier genügt **Standard** völlig, beim Fotodruck sollte die Qualität dann schon **Hoch** oder **Stark** sein.

4. Sie sehen im Beispiel, dass der Drucker randlos drucken kann ❺. Diese Option versehen Sie per Klick mit einem Häkchen, um einen vollflächigen Druck zu erhalten. Das ist ideal, wenn Sie Postkarten direkt auf die passende Papiergröße drucken wollen.

5. Nach diesen für das Gelingen Ihrer Werke zentralen Einstellungen können Sie nun mit einem Klick auf **OK** ❻ zum eigentlichen Druckmenü zurückkehren und den Ausdruck über **Drucken** starten. Viel Erfolg!

Warum stimmen die Farben nicht?

Sie kennen das Problem, dass der Ausdruck am Drucker nichts mit dem brillanten Bild am Computer zu tun hat? Dafür sind gleich mehrere »Übeltäter« verantwortlich. Denn hier spielen mehrere Geräte und Faktoren zusammen und häufig leider auch einfach gegeneinander. Tatsächlich ist das sog. *Farbmanagement* eine Wissenschaft für sich. Wir haben trotzdem den Anspruch, Ihnen grob zu erklären, warum die korrekte Farbdarstellung in der Praxis ein Problem darstellt, von der Aufnahme mit dem Fotoapparat bis hin zum Ausdruck.

1. **Darstellung im Kameradisplay:** Wenn Sie gerne fotografieren, kennen Sie das – ein auf dem Display der Kamera betrachtetes Foto sieht später auf dem Computerbildschirm ganz anders aus. Warum das so ist? Die kleinen Kameradisplays müssen riesige Bilder ganz klein darstellen. Hier kommt es ganz klar zu Abstrichen in der Darstellung, zudem ändert sich durch das Umgebungslicht, beispielsweise grelle Sonne, auch der Eindruck des Fotos am Display. Sprich: Hier können Sie nur grob einschätzen, ob die Farben und die Helligkeit perfekt sind.

2. **Darstellung am Bildschirm:** Jedes Display stellt Farben etwas anders dar. Zudem kann man an vielen Bildschirmen noch einstellen, ob die Farben eher warm oder kalt angezeigt werden sollen, was das Ergebnis im Druck noch weiter vom ursprünglichen Entwurf entfernen kann. Des Weiteren haben preiswerte LCD-Displays einen kleinen Blickwinkel. Sprich – verändern Sie Ihre Position vor dem Bildschirm, verändert sich auch die Bildfarbe.

3. **Der Ausdruck auf dem Drucker:** Beim Ausdruck mit Originalpatronen auf exakt vom Druckerhersteller empfohlenem Papier ist der Ausdruck meistens farblich in Ordnung. Doch schon Wärme oder Kälte können das Druckergebnis farblich beeinflussen. Zudem kann der Drucker technisch bedingt schon gar nicht alle Farben abbilden, die auch ein Bildschirm anzeigen kann. Das liegt daran, dass ein Drucker mit vier oder sechs Farben alle Nuancen zusammenmischen muss, man am Bildschirm durch die Lichtfarben viel mehr Spielraum hat. Profis sprechen hier vom RGB-Farbraum für Bildschirme und dem CMYK-Farbraum für den Ausdruck, wobei RGB für die Grundfarben Rot, Grün und Blau steht, aus denen alle Farben gemischt werden, und CMYK für Cyan, Magenta, Yellow und Key, mit denen die Farben Blau, Rot, Gelb und – als »Schlüsselfarbe« sozusagen – zusätzlich Schwarz bezeichnet werden.

4. **Die Papiersorte:** Ob Sie es glauben oder nicht, auch wenn ein Papier auf den ersten Blick weiß wirkt, hat es immer einen leichten Farbstich. Dieser kann ins Rötliche, Bläuliche oder Gelbliche gehen. Legen Sie einfach einmal zwei unterschiedliche vermeintlich weiße Papiere nebeneinander. Sie werden staunen! Und natürlich wird ein Ausdruck auf diesen

Papieren unweigerlich anders aussehen, da die Grundfärbung des Papiers durchschimmert.

5. **Umgebungslicht:** Wie gerade beim Papier erwähnt, hat auch Licht eine eigene Farbe. Ein Fotodruck unter Neonlicht betrachtet wird völlig anders aussehen als bei Tageslicht oder unter einer LED-Lampe.

Wir wollen Sie mit dieser Liste nicht erschrecken, sondern nur aufzeigen, dass es tatsächlich eine Wissenschaft ist, den perfekten Ausdruck zu erhalten. In der grafischen Industrie wird hier viel Geld mit Mess- und Kalibriergeräten aufgewandt, damit nachher im Katalog die Farben z. B. der Kleider auch tatsächlich mit den Originalen übereinstimmen.

Fotolia: 24372631 © www.ccdi.de

Ganz schön teuer: Dieses Gerät gleicht die Druckfarben ab, kostet aber mehrere Tausend Euro.

Für Sie zu Hause können aber folgende Tipps dazu beitragen, dass Ihre Entwürfe am Computer dann auch auf dem Papier eine gute Figur machen:

Wenn Sie ambitioniert mit Fotobearbeitung unterwegs sind, lohnt der Kauf eines Bildschirms, der sich kalibrieren lässt. Mit einem kleinen Messgerät kann der Bildschirm abgleichen, wie die Farbe im Ausdruck dargestellt wird, und nimmt alle Einstellungen automatisch vor. Im Ergebnis zeigt das

Display dann sehr exakt an, wie die Farben wirklich aussehen. Leider sind diese Geräte recht teuer, für ein 22-Zoll-Gerät sind meist über 600 € fällig.

Hochwertige Bildschirme können farblich exakt eingestellt werden. (Bild: Eizo)

Wie schon oben erwähnt, spart es ordentlich Nerven, wenn Sie beim Drucken Originaltinte verwenden. Das gilt insbesondere, wenn es um eine exakte Farbdarstellung geht. Tatsächlich sind die Ergebnisse mit der leider recht teuren Herstellertinte meist am besten.

Starten Sie vor einer großen Vervielfältigung immer einen Probedruck, und betrachten Sie diesen bei Tageslicht. Entspricht er Ihren Vorstellungen, dann können Sie die restlichen Exemplare ausdrucken. Stimmt die Farbe so gar nicht mit dem gewünschten Ergebnis überein, prüfen Sie noch einmal der Reihe nach die zuvor genannten Einstellungen:

1. Papiersorte im Drucker
2. korrekte Einstellung der Papiersorte im Druckermenü
3. Einstellung der Druckqualität

Ein Fehler bei diesen Punkten ist unserer Erfahrung nach die Hauptursache, warum ein gedrucktes Werk farblich stark von dem abweicht, was man am Bildschirm eingestellt hat.

Stichwortverzeichnis

MakeupDirector

Gratis-Download für Vierfarben-Leser

»Der schnelle und unkomplizierte Einstieg in die Welt der Gestaltung«

207 Seiten
Gebunden, in Farbe, 24,90 Euro
ISBN 978-3-8362-4021-5
www.rheinwerk-verlag.de/4053

Die kleine Schule des Grafikdesigns – für Hobby-Gestalter & Nicht-Designer

Erika Vogl-Kis öffnen Ihnen die Augen für die Welt der Gestaltung. Und zwar nicht auf trockene Art, nein, hier erleben Sie Design! Jedes der acht Kapitel wird Sie mit einem eigenen Stil inspirieren. Aufwändige Illustrationen und Schaubilder erklären Designprinzipien, Gestaltgesetze, Formen und Flächen, Schrift, Farbe und vieles mehr. Ein Feuerwerk der Gestaltung – für Hobby-Designer und Neueinsteiger ins Thema.

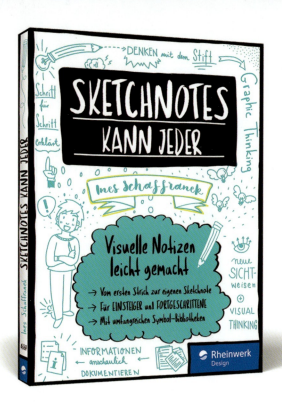

Visuelle Notizen leicht gemacht!

Mit Sketchnotes macht das Notieren Spaß und der Erinnerungs-faktor ist hoch! Ines Schaffranek nimmt Sie bei der Erstellung gelungener Sketchnotes an die Hand und erläutert den geschick-ten Aufbau der Skizzen. Selbst ungeübte Zeichner können sich mit diesem Buch ein Repertoire an Scribbels erarbeiten, das sich bei den verschiedensten Gelegenheiten einsetzen lässt: Bei Präsentationen, in der Ideenfindung, bei Problemanalysen oder auch im kreativen Alltag. Inkl. Sketchnotes-Bibliotheken der beliebtesten Motive zum Nachzeichnen.

Das E-Book zum Buch

Sie haben das Buch gekauft und möchten es zusätzlich auch
elektronisch lesen? Dann nutzen Sie Ihren Vorteil.
Zum Preis von nur 5 Euro bekommen Sie zum Buch zusätzlich
das E-Book hinzu.

Dieses Angebot ist unverbindlich und gilt nur für Käufer
der Buchausgabe.

So erhalten Sie das E-Book

1. Gehen Sie im Rheinwerk-Webshop auf die Seite:
   www.rheinwerk-verlag.de/E-Book-zum-Buch

2. Geben Sie dort den untenstehenden Registrierungscode ein.

3. Legen Sie dann das E-Book in den Warenkorb, und gehen
   Sie zur Kasse.

Ihr Registrierungscode

MWG6-FR40-EATY-XNH8-3Q

Sie haben noch Fragen? Dann lesen Sie weiter unter:
www.rheinwerk-verlag.de/E-Book-zum-Buch